新版
生涯学習時代の教育制度

久保内加菜

樹村房

はじめに:新版によせて

1. 本書の特徴

　本書は,教職を志す学生の,大学教職課程の基礎科目「教育制度(教育に関する社会的,制度的又は経営的事項)」に対応したテキストです。教職教養の内容をカバーすることに加え,児童福祉施設の職員や学芸員,司書,社会教育主事を目指す方,地域の医療・保健,また教育や文化芸術の活動に携わる方に向けて,基本的な教育制度の仕組みと国や自治体の取り組みを理解でき,知的な探求に応えられるように構成しました。特徴は,次の5点にまとめられます。

　第一に,教育制度の全体像を見通しやすいよう短めの15章で構成し,法規等は本文中に主要な条文を入れ,文章の流れの中で読めるようにしました。

　第二に,学校教育を中心に社会教育と教育行政,また保育等の福祉行政の分野を取り入れ,子どもに関連する施策を横断して見通せる構成としました。

　第三に,国の教職課程コアカリキュラムの該当科目に対応し,昨今の施策を含めて地域連携と学校安全についての内容を強化しています。

　第四に,アクティブ・ラーニングの方法を重視し,特に第15章は,発展的に学ぶためのさまざまな情報やワーク例を載せました。

　第五に,可能な限り最新の動向を載せました。数値のデータや法改正等から,制度が具体的に,また生き物のように見えてくることを期待しています。

2. 本書の使い方

　実は本書は冒険をしています。教育史の章や,法令を抜粋した参考資料は独立させず,必要な情報を本文中に収めました。特徴の第一で挙げたとおり,教育制度の全体像を俯瞰しやすいよう,文脈の中で史実や条文を読める構成を重視したためです。そのため,法律の全文を見通す場合は「教育六法」[→第15章1]や総務省の法令データベース「e-Gov法令検索」を参照してください。

　本書は15章に分かれますが,横断的な理解が必要となります。特に教育制度の核となる義務教育の内容はほとんどの章で触れるため,特に参照すべき用語やテーマは文中に[→第○章△]と表記して検索しやすくしています。

大学で開講される教職課程の科目では、アプローチが異なるとは言え、教育制度に関する内容が扱われます。例えば「教職概論」で教員の制度を、「教育課程論」で学習指導要領の詳細を学ぶことで、相互の理解が深まるでしょう。

本書はわかりやすい解説に努めましたが、内容のレベルは落としていません。明治期に遡りますが、国の幼稚園教諭（保姆（ほぼ））の養成課程の最終学年に、「園制大意」という科目がありました。卒業後に指導的立場に就く生徒に、学校経営の基礎知識と気構えを説いた講座だったと推測されます。本書も、国や自治体、また教育に携わる先人が培ってきた教育制度についての理解を、地域の現場に携わる学習者が実際の仕事や相談助言に生かせることを目標としています。

3．教育改革と教育制度

本書が刊行された後も、国や自治体の教育改革が進んでいます。社会の情勢を見ながら、既得の知識や理解をブラッシュアップしていくことは大切です。

一方で、教育制度の根本と法令遵守の原則は変わりません。そのため、本書は可能な限り、法令の条文やデータに立ち返っています。旧版の「はじめに」で、古英語学者の父の信条が"Back to the Manuscripts（写本に回帰せよ）"だったと書いたところ、「コピペ（丸写し）」と勘違いされた方がいたようですが、古代や中世のイギリスで作成された写本は、句読点が打たれた位置等の確認により言語の成り立ちを研究できる基礎資料です。分野の違いはあれ、基本的な資料と情報を確実におさえると、教育を語る言葉の説得力は飛躍的に高まると確信します。

本書を世に出してくださった株式会社樹村房社長の大塚栄一様、旧版に引き続き丁寧な編集をしていただいた安田愛様に心よりお礼を申し上げます。本書が学習者の生涯学習につながる、良い入門書となることを願います。

2025年1月

久保内 加菜

新版 生涯学習時代の教育制度

も く じ

はじめに：新版によせて　*3*

第1章　教育制度のすがた ——————————— *13*
1．現代日本の教育制度：幼稚園から社会教育まで………*14*
（1）学校教育　*14*
（2）社会教育　*16*
2．日本の学校制度の特質：海外との比較から………*17*
（1）単線型の学校制度　*17*
（2）6-3制の義務教育　*20*
（3）専門職養成課程の開放制　*21*
（4）幼稚園と保育所の分化　*21*
（5）特別支援教育における分離教育体制　*22*

第2章　学校制度と教育法規 ——————————— *23*
1．学校の種類………*24*
（1）学校とは何か　*24*
（2）法制上の「学校」　*24*
（3）学校教育法で示された「学校」の種類と目的　*25*
2．設置者別に見る学校制度………*27*
（1）設置者別の学校の特質　*27*
（2）公教育の原則と拡大　*29*
3．教育法規：学校制度を中心に………*30*
（1）学校制度を支える法制度　*30*
（2）教育法規の構造　*30*
（3）教育法規の現在　*32*

第3章　現代日本の義務教育制度 ─────── 35

1．義務教育制度の原理 ………………………………………… 36
 （1）義務教育とは何か　*36*
 （2）義務教育の内容・目標　*37*
 （3）国・地方公共団体の役割　*37*

2．義務教育制度の実際 ………………………………………… *38*
 （1）就学義務　*38*
 （2）就学の猶予・免除　*39*
 （3）就学の援助　*40*
 （4）障害のある児童生徒に関する就学奨励制度　*41*
 （5）児童生徒の労働保護　*42*
 （6）私立学校への助成　*43*

第4章　さまざまな義務教育のすがた ─────── *45*

1．障害のある児童生徒の義務教育 …………………………… *46*
 （1）特別支援学校と義務就学　*46*
 （2）特別支援学級・通級による指導　*47*
 （3）病院内に設置された学級（院内学級）　*49*
 （4）訪問指導（訪問教育）　*49*

2．海外で暮らす子ども・外国につながりをもつ子どもの義務教育 …… *50*
 （1）海外に在留する日本人の義務教育　*50*
 （2）海外から帰国した子どもの義務教育　*51*
 （3）外国につながりのある子どもの義務教育　*51*

3．フリースクール・山村留学・夜間中学など ……………… *53*
 （1）義務教育段階の子どもが通う民間の団体・施設
       （フリースクール）　*53*
 （2）山村留学・通学合宿等　*54*
 （3）中学校夜間学級（夜間中学）　*55*
 （4）少年院における矯正教育　*56*

第5章　後期中等教育と高等教育 ―――――― 57
1．高等学校：高度な普通教育と専門教育 ・・・・・・・・・・・・・・・・・・・・ 58
（1）高等学校の多様性　*58*
（2）高等学校の学科・教育課程の多様性　*58*
（3）総合学科の誕生　*60*
（4）高等学校教育における「単位」の活用　*60*
（5）特別支援学校の高等部　*61*
2．後期中等教育のこれからを考える ・・・・・・・・・・・・・・・・・・・・・・・・ 62
（1）後期中等教育の現状：高等学校を中心に　*62*
（2）後期中等教育を支える制度改革の動向と課題　*63*
3．高等教育機関と類似施設 ・・・・・・・・・・・・・・・・・・・・・・・・・・・・・・・・ 64
（1）大学・短期大学　*64*
（2）高等専門学校　*65*
（3）専修学校・専門学校　*66*
（4）行政機関の所管する施設　*68*

第6章　幼稚園と幼児教育の制度 ―――――― 71
1．幼稚園のすがた ・・・ 72
（1）幼稚園の成り立ち　*72*
（2）幼稚園制度の現在　*73*
（3）幼稚園の教員制度の動向　*76*
2．幼稚園の教育課程 ・・・・・・・・・・・・・・・・・・・・・・・・・・・・・・・・・・・・・・ 79
（1）幼稚園教育要領の嚆矢　*79*
（2）幼稚園教育要領の変遷　*79*

第7章　社会教育と生涯学習振興行政 ―――――― 83
1．社会教育と生涯学習振興行政 ・・・・・・・・・・・・・・・・・・・・・・・・・・・・ 84
（1）社会教育とは何か　*84*
（2）生涯教育と生涯学習振興行政　*85*
2．社会教育施設・社会教育関係団体 ・・・・・・・・・・・・・・・・・・・・・・・・ 86

（1）社会教育施設の機能　*86*
　　　（2）社会教育施設の種類　*86*
　　　（3）社会教育関係団体　*91*
　　3．社会教育・生涯学習推進行政に求められる専門性 …………………… *92*
　　　（1）社会教育に関する専門職　*92*
　　　（2）社会教育を促進するための専門性　*93*

第8章　国と地方の教育行財政 ―――――――――――――――― *95*
　　1．国の教育行政 ……………………………………………………………… *96*
　　　（1）教育行政の基本原理　*96*
　　　（2）文部科学省の任務・組織　*96*
　　　（3）内閣・大臣，審議会等の位置づけ　*97*
　　2．地方公共団体における教育行政 ………………………………………… *98*
　　　（1）地方の教育行政の基本原理　*98*
　　　（2）教育委員会の構成　*99*
　　　（3）教育委員会の職務権限：事務局が行う事務　*100*
　　　（4）教育委員会の職員　*101*
　　3．教育財政 …………………………………………………………………… *101*
　　　（1）教育財政の基本原理　*101*
　　　（2）国の教育財政：文部科学省関係予算　*103*
　　　（3）地方公共団体の教育財政　*103*
　　　（4）文教費・教育への公的支出　*104*

第9章　教職員の制度 ――――――――――――――――――――― *107*
　　1．法制度から見た「先生」 ………………………………………………… *108*
　　　（1）教員制度の歴史　*108*
　　　（2）教職員の種類　*109*
　　　（3）さまざまな教職員の制度　*110*
　　　（4）教諭等の充当職　*110*
　　2．教員の免許 ………………………………………………………………… *111*

（1）教員免許状の制度　*111*
　　　（2）教員制度の特例　*112*
　　　（3）教員の質保証とキャリア形成　*113*
　　3．教員の身分・服務 ………………………………………………… *114*
　　　（1）公僕としての教師　*114*
　　　（2）教職員の服務：職務に専念する義務　*114*
　　　（3）身分上の義務：遵守すべき服務規律　*115*
　　4．教員の研修制度 …………………………………………………… *116*
　　　（1）教員と研修：学び続ける職責をもつ専門職として　*116*
　　　（2）法定研修　*116*
　　　（3）国・教育委員会が行う法定研修以外の研修　*117*
　　　（4）私立幼稚園教員の研修　*117*
　　　（5）自主研修・自己研鑽　*117*

第10章　学校経営・学級経営と児童生徒の管理 ── *119*
　　1．学校経営 …………………………………………………………… *120*
　　　（1）学校経営の概念　*120*
　　　（2）校務分掌　*120*
　　　（3）学校経営の改革の動向　*121*
　　2．学級の経営 ………………………………………………………… *122*
　　　（1）学級の概念　*122*
　　　（2）学級の種類　*122*
　　　（3）学級と特別支援教育　*123*
　　　（4）学級担任　*124*
　　3．児童生徒の管理 …………………………………………………… *124*
　　　（1）就学・入学　*124*
　　　（2）就学の猶予・免除　*125*
　　　（3）修了・卒業・転入等　*125*
　　　（4）就学義務の終了について　*126*
　　　（5）出席の管理　*126*

（6）出席停止　*126*
　　　（7）指導要録等の表簿の管理　*127*
　　4．指導の一環としての懲戒…………………………………………… *127*
　　　（1）懲戒とは　*127*
　　　（2）法令上の懲戒　*128*
　　　（3）事実上の懲戒　*129*
　　　（4）体罰　*129*

第11章　教育課程と教科書・教材 ───────── *131*
　　1．教育課程の歴史的特質…………………………………………… *132*
　　　（1）教育課程とは何か　*132*
　　　（2）教育課程の歴史：初等教育を中心に　*132*
　　2．学習指導要領…………………………………………………… *133*
　　　（1）学習指導要領とは何か　*133*
　　　（2）学習指導要領の変遷　*134*
　　　（3）カリキュラム・マネジメント　*135*
　　　（4）教育課程特例校の制度　*135*
　　3．教科書・教材の制度…………………………………………… *138*
　　　（1）教科書とは何か　*138*
　　　（2）教科書の無償制と教科用図書・教材　*138*
　　　（3）教科書の検定と採択　*139*
　　　（4）特別支援教育における教科用図書　*140*
　　　（5）教材・施設等の整備　*141*
　　　（6）補助教材の扱い　*142*

第12章　学校安全・学校保健・学校給食 ─────── *145*
　　1．学校安全……………………………………………………… *146*
　　　（1）子どもの安全・安心を守るということ　*146*
　　　（2）安全教育・防災教育　*146*
　　　（3）学校施設・設備の整備　*147*

（4）学校・地域・家庭と連携した体制づくり　*148*
　　（5）学校事故　*149*
　2．学校保健 ··· *149*
　　（1）学校保健の規定　*149*
　　（2）健康相談・健康診断　*149*
　　（3）感染症の予防　*150*
　　（4）学校保健・教育相談の充実　*151*
　3．食育・学校給食 ··· *152*
　　（1）学校給食の歴史と現状　*152*
　　（2）学校給食の実施状況　*153*
　　（3）栄養教諭と学校給食の展望　*154*

第13章　地域連携の制度 ───────────────── *157*
　1．地域連携：学校を核とした教育環境づくり ···························· *158*
　　（1）地域連携の意義　*158*
　　（2）コミュニティ・スクール（学校運営協議会）　*158*
　　（3）学校の教育活動を支援する主な制度　*160*
　2．学校評価と学校運営情報の提供 ·· *162*
　　（1）地域連携のツールとしての学校評価・情報提供　*162*
　　（2）幼稚園における学校評価　*163*
　3．地域連携が求められる教育課題 ·· *165*
　　（1）「いじめ」問題への対応　*165*
　　（2）人権教育の取り組み　*166*

第14章　児童福祉と教育：保育，放課後，家庭教育 ───── *169*
　1．児童福祉の制度改革と幼稚園 ·· *170*
　　（1）子ども・子育て支援制度の導入　*170*
　　（2）幼稚園の制度改革　*171*
　2．小学校児童の放課後の教育事業 ·· *173*
　　（1）放課後児童クラブ：児童の健全育成及び

　　　　　　　放課後児童対策として　*173*
　　（2）放課後子供教室：子どもの「居場所」として　*174*
　　（3）放課後子ども総合プラン　*175*
　3．家庭教育：教育行政の領域をめぐって ……………………………… *176*
　　（1）家庭教育の位置　*176*
　　（2）家庭教育に関する施策の展開　*178*

第15章　教育制度の現在：発展的に学ぶために ───── *179*
　1．基本的な文献資料を調べ，理解を深める ……………………………… *180*
　　（1）官報，法令集　*180*
　　（2）省庁の白書，調査報告　*180*
　　（3）自治体の広報誌，報告書　*181*
　　（4）審議会，行政委員会の答申等の報告　*182*
　　（5）新聞，雑誌等　*182*
　2．一次資料と教育の現場に学ぶ：課題を探求する ……………………… *183*
　　（1）図書館，専門書の活用　*183*
　　（2）施設見学・フィールドワーク　*183*
　3．教育制度を調べ，考えるためのワークの例 …………………………… *185*
　　［ワーク1］国の審議会（答申）や計画を調べる　*186*
　　［ワーク2］学校の設置状況を調べる　*188*
　　［ワーク3］市区町村の幼稚園の設置状況と個別の幼稚園の
　　　　　　　　　　　　　　　　　運営を調べる　*191*

さくいん　*194*

第1章

教育制度のすがた

「東京第一大學區開成學校開業式之圖」(1873年) 画:曜斉国輝, 出版者:萬屋孫兵衛
出典:国立教育政策研究所教育図書館 貴重資料デジタルコレクション
https://www.nier.go.jp/library/rarebooks/painting/370.98-314/

　上の図は,東京大学(東京都文京区)の前身となる開成学校の祝典の様子です。旗やモールで飾られた洋風建築の校舎前に天皇の臨幸を受け,礼服姿の男子生徒や教職員,馬に乗った巡査が車駕を囲みます。太政大臣三條實美や参議板垣退助,工部大輔伊藤博文等の錚々たる閣僚も参集しました。
　開成学校は欧米の学校に倣って9月入学で(帝国大学が4月入学となるのは1921年です),主に英語で授業が行われました。明治政府にとり「学校」,また「教育」の制度の創出は,近代国家の威信をかけたプロジェクトでした。

生涯学習時代と言われる今日は、世界中の国や地域で子どもから大人に至るまで、学校を核とした公教育の制度が整えられています[1]。多様な教育の領域や機関があるため、まずは日本の教育制度の全体像を見ていきましょう。

1. 現代日本の教育制度：幼稚園から社会教育まで

［図1-1］は2023（令和5）年度現在の多様な教育機関や領域を示す、文部科学省が作成した図です。主に左側は各種の学校が、年齢で積み上がるように示されています。右上に広がるのは社会教育の領域です。学校教育と社会教育に大別される教育の領域と、それぞれに該当する機関を確認しましょう。

(1) 学校教育

a．幼児教育・就学前教育 ［→第6, 14章］

就学前（小学校入学前）の満3歳以上の子どもを対象とする学校は、幼稚園と特別支援学校（幼稚部）があります。2006（平成18）年に幼稚園と、児童福祉施設（保育所）の制度を併せ持ち、3歳未満児も入園できる認定こども園の制度[2]が加わりました。［図1-1］には教育施設ではありませんが、保育園等と呼ばれる保育所も、参考として書き込まれています。

b．初等教育 ［→第3, 4章］

満6歳に達した児童が対象となる6年間で、「学校」には小学校と特別支援学校（小学部）があります。義務教育は、初等教育と次項cの前期中等教育を合わせた段階となり、学齢期に該当するすべての国民が通います。

2016（平成28）年度より、小中一貫教育を行う義務教育学校が校種の一つに加わりました。9年制で、初等教育の段階は前期の6年間となります。

1：本書は教育に関する制度を幅広く扱います。ペダゴジー（pedagogy）と訳される「教育学」は幼児や青少年が主な対象ですが、他にも成人教育学、老年学（gerontology）、死の教育（death education）等もあります。
2：「就学前の子どもに関する教育、保育等の総合的な提供の推進に関する法律（認定こども園法）」にもとづき設置・認可される教育及び保育の施設です

1. 現代日本の教育制度：幼稚園から社会教育まで　15

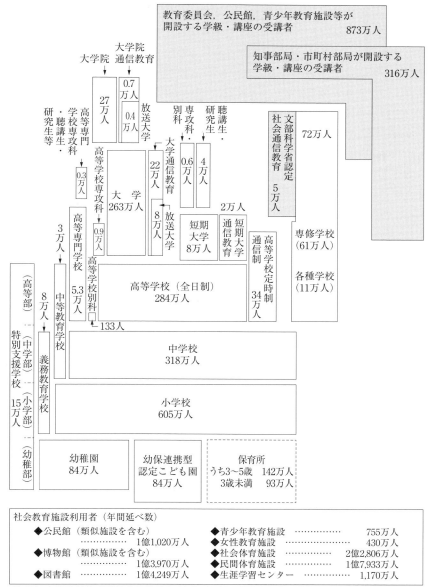

図1-1　学習人口の現状
出典：文部科学省（2024）『令和5年度 文部科学白書』269頁

c．前期中等教育 ［→第3，4章］

　初等教育修了後の3年間に当たり，具体的には中学校と特別支援学校（中学部）の他，1998（平成10）年に新校種となった6年制の中等教育学校（前期の3年間），前項で触れた義務教育学校（後期の3年間）が挙げられます。前期中等教育までが義務教育ですが，ほとんどの生徒は次項dの段階に進学します。

d．後期中等教育 ［→第5章］

　高等学校と特別支援学校（高等部），中等教育学校（後期の3年間）が該当します。義務教育段階の終了後は学校の種類や就業年限等が多様です。高等学校には3年制の全日制と3年以上の定時制・通信制の他，1年以上の別科[3]があります。なお，高等専門学校は，次項eに挙げる高等教育機関にあたります。専修学校は「一条校」ではないですが［→第2，4章］，中卒者が対象の高等専修学校は，後期中等教育機関として機能しています。

e．高等教育 ［→第5章］

　高等教育を代表する校種は大学です。学校として最高位の段階にあり，通信教育課程や短期大学，大学院，また放送大学も含まれます。また，中卒者が入学できるおおむね5年課程の高等専門学校（高専）も高等教育機関です。

　広義の高等教育機関には，「一条校」とは異なりますが［→**第2章1**］，専門課程を置く専修学校があります。これらは専門学校と呼ばれます。

（2）社会教育 ［→第7章］

　［図1-1］の右上の領域の，主に青少年と成人を対象とした学校外の教育です。具体的には，［図1-1］下部に示される公民館や図書館，博物館，体育施設等の施設や，都道府県・市区町村の教育委員会の開設する学級・講座が主な社会教育の場です。「生涯学習」と呼ばれる場合があります。

　なお，専修学校のうちの一般課程と，11万人の学習人口を擁する各種学校は，特に年齢や入学資格の規定はありません。義務教育や中等教育を終了した教育課程の内容をふまえた発展的な学習（継続教育）が展開されるという意味で，

3：中卒者を対象に技能教育を施す学校。唯一の公立校の横浜市立横浜商業高等学校別科（Y校別科）は，全日制2年課程の理容科と美容科を置きます。

社会教育及び生涯学習に関わる教育機関としての性質を有しています。

2．日本の学校制度の特質：海外との比較から

　現代において特に義務教育段階の教育とアメリカ，イギリス［以上が図1-2］，フランス，ドイツ［以上が図1-3］の学校制度との比較から，日本の学校制度の特質は次のようにまとめられます[4]。

（1）単線型の学校制度

　ヨーロッパの学校制度は私的な施設を含め，次の二系統の歴史をもちます。

①中世より社会の支配層や富裕層の子弟を対象に，高等教育を頂点に，その予備段階として中等教育がつくられ，いわば下の段階へと発展させた系統。
②近代以降の大衆層や職人等を対象に，基礎的な初等教育を出発点として，中等教育や専門職養成等と，上の段階へと拡充された公立校の系統。

　上記の①と②では就学年限や教育課程が異なります。多様な学校系統が乱立した状態は「複線型」と呼ばれ，いわばエリート層の①と，大衆層の②の学校系統のあいだの移動は困難でした。
　20世紀以降は多くの国で民主的な公教育が追求され，「単線型」の学校体系が普及しました。つまり，国民に義務教育として初等教育と（前期）中等教育を保障します。18世紀に民主的な共和国を発足させたアメリカ合衆国が代表的なモデルであり，終戦後の日本の学校制度改革に影響を与えました。
　一方で，中世に大学がつくられ，近代に大衆向けの初等学校制度[5]の創設を

4：海外の学校制度は次の資料を参考にしました。文部科学省（2024）『諸外国の教育動向 2023年度版』明石書店［→第15章1］，二宮皓編著（2023）『世界の学校：グローバル化する教育と学校生活のリアル』学事出版
5：産業革命期にモニトリアル・システム（助教法）と呼ばれる一斉授業の方法が確立され，主に都市の労働者階級の子どもを対象とした学校が普及しました。この大衆教育の仕組みは，欧米だけでなく日本の学校制度に影響を与えました。

18　第1章　教育制度のすがた

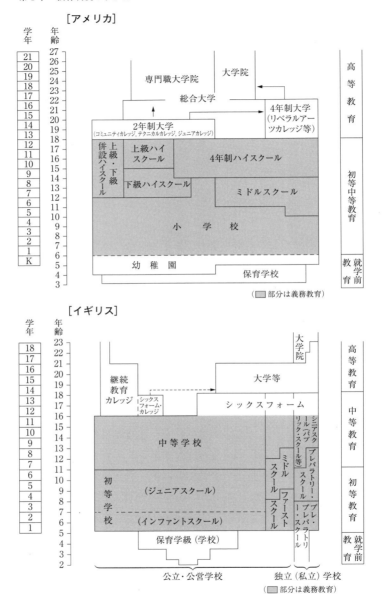

図1-2　アメリカ，イギリスの学校系統図
出典：文部科学省（2024）『諸外国の教育動向 2023年度版（教育調査第162集）』明石書店，292，293頁

2. 日本の学校制度の特質：海外との比較から　19

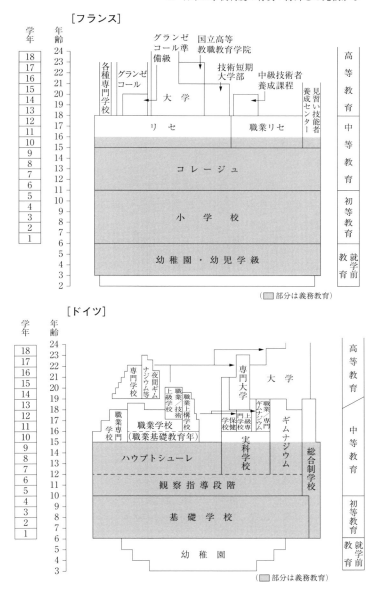

図1-3　フランス，ドイツの学校系統図
出典：文部科学省（2024）『諸外国の教育動向 2023年度版（教育調査第162集）』明石書店，294，295頁

先導した歴史をもつイギリスには，複線型の特徴が残ります。現在の義務教育段階にある初等学校は5歳から始まりますが，劣悪な労働や生活環境からの子どもの保護の歴史が，就学年齢の早い理由の一つです。[図1-2]の右側の，①に当たる独立（私立）学校の系統は，パブリック・スクール[6]に代表されるように富裕層が主な対象で，公費補助を受けずに充実した施設と教育課程を有し，名門大学の予備校的性格をもちます。就学前段階に関しても，少人数教育の民間施設や家庭教育[7]の伝統があります。独立学校のようなエリート教育を行う公立校も増えました。

19世紀後半以降は，複線型から「分岐型」への移行が進みました。全国民が基礎学校で同じ初等教育を受け，中等教育段階より能力や適性に応じて学校系統が分かれる特性は，今日のドイツに顕著です。つまり「10歳」で大学進学を目指すギムナジウムと専門職養成に向けた実科学校，職業訓練が中心のハウプトシューレの三つの校種に分かれます。もっとも近年では学校系統の選択や移動がより柔軟となる制度が州ごとに策定されています。

（2）6-3制の義務教育

1989年に国連総会で採択された「児童の権利に関する条約（子どもの権利条約）」（日本は1994年に批准）の第28条には次の条項があります。

> **児童の権利に関する条約（第28条1）** 締約国は，教育についての児童の権利を認めるものとし，この権利を漸進的にかつ機会の平等を基礎として達成するため，特に，
> (a) 初等教育を義務的なものとし，すべての者に対して無償のものとする。
> (b) 種々の形態の中等教育の発展を奨励し，すべての児童に対し，これらの中等教育が利用可能であり，かつ，これを利用する機会が与えられるものとし，例えば，無償教育の導入，必要な場合における財政的援助の提供のような適当な措置をとる。

6：かつては家柄の限られる全寮制の男子校で，映画「ハリー・ポッター」（2001-）の「魔法学校」は，パブリック・スクールのイメージで創作されています。
7：ミュージカル映画（1964）の「メリー・ポピンズ（Mary Poppins）」は，1910年代のロンドンの銀行勤めの家庭に住み込むナニー（乳母）が主人公です。

このように子どもの権利の観点から無償の初等教育の就学と，中等教育の奨励を国の義務とすることは，国際的な標準となっています。

戦後の日本ではアメリカをモデルに単線型の学校制度に変わり，初等教育である6年制の小学校と，中等教育機関の3年制の中学校の「6-3制」と呼ばれる9年間の義務教育制度が確立されました。一方でアメリカでは各州で独自の制度をもち，現在は5-3-4制が一般的です。また，義務教育年限を12年とする州が増えています。

フランスでは2019年の教育基本法改正によって義務教育の就学年齢が3歳に引き下げられ，16歳までの13年間の義務教育年限が実現しました。また，かつては15歳の義務教育終了が部分的に認められましたが，社会格差の是正を目的に，2020年度より16歳から18歳までは教育・訓練等に従事することが義務づけられました。イギリスの中等教育も，同様の制度が導入されています。

日本では義務教育段階の年齢制が徹底されますが［→第3章2］，海外の学校では課程制（修得主義）が採られ，厳格な成績判定による留年や，成績優秀な子どもの飛び級，本人や保護者に応じた就学年齢の選択が一般的です。

（3）専門職養成課程の開放制

戦前の日本は，進路や性別等により学校の種類や年限が異なる分岐型の性格をもちました。例えば小学校の教師（訓導）になるには，今日の中学校の段階から男女別の師範学校に入りました。戦後は大学での教員養成が原則となり，国が認めた教職課程を大学に置く「開放制」と呼ばれる仕組みにより，私立の総合大学や専修学校等であっても教員免許が与えられます。

今日は中等・高等教育の多様化と開放的な専門職養成は多くの国で見られ，EU圏では学位や職業資格が他国で適用できる制度設計も進められています。教員養成ではフランスの高等教員養成学院やイギリスの1年制の教職専門課程のように，大学卒業後に教育学を学ぶ大学院（修士課程）も見られます。

（4）幼稚園と保育所の分化

日本の就学前教育は，学校である幼稚園と福祉施設である保育所が併存し，両者を一体化させる認定こども園の制度は強化されましたが［→第14章1］，

幼児教育と福祉行政のもとの保育の二元化に特徴があります。これは，ドイツや韓国等にも見られます。

また海外では幼稚園の他，小学校に附設された幼児学級が多く見られます。フランスでは保育に欠ける状態の2歳児が幼稚園に優先的に入り，3歳からは義務教育として無償で幼児教育を受ける仕組みが実現されています。

（5）特別支援教育における分離教育体制

日本では，障害のある子どもに特別な配慮を行う特別支援学校が通常の学校系統と別建てとなった，「分離教育」の体制が根付きました。2006(平成18)年に国連が採択した「障害者の権利に関する条約」（日本は2014年に批准）にもとづき，2022(令和4)年に国連が日本政府に対して勧告を出し，分離した特別教育の見直しが要請されましたが，日本では独自の特別支援教育を継続・充実させる方針が採られることとなりました。

海外でも古くから支援教育を目的とした公私立の学校施設が発達しましたが，今日ではインクルーシブ（統合）教育の方針が主流です。アメリカやフィンランド等では通常の学校に特別支援学級やプログラムが置かれ，学校系統の分離は行われていません。

フランスでは20世紀初等より軽度の障害のある子どもは通常の学校制度の中で教育が行われ，特別支援教育を行う私立校も優先的に認可され，公立校と同等の国の財政負担がなされてきました。2005(平成17)年の「障害者の権利及び機会の平等並びに参加及び市民権のための法律」制定により統合教育が原則となり，障害のある子どもが通常の学校環境で教育を受けることとなりました。

第2章

学校制度と教育法規

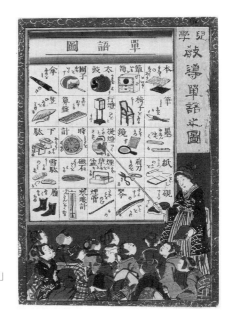

肉亭夏良画「児学教導単語之図　第五単語図」
(1875年)
画像提供・所蔵：玉川大学教育博物館

　明治政府は1871(明治4)年に文部省（現在の文部科学省の前身）を設置し，翌年に学制を公布して，近代国家に相応しい「学校」の普及を始めます。
　上の図は制度発足から間もない時期の，和服姿の教師と子どもの授業風景を描いた錦絵です。正面に掛かった「単語図」に太鼓や提燈，煙管等の日用品が示され，教師が挿絵を棒で指して子どもに問いかけています。これらの掛図は，1874(明治7)年に文部省が制作しました。教師を養成する師範学校の制度は1872(明治5)年に発足したばかりで，江戸期の寺子屋等の教育施設の講師や僧侶，書家，元・下級武士が教師を務めることがありました。
　学校制度は改変を重ね，まずは義務教育段階の小学校が整備されます。椅子と机，黒板，教科書がそろった教室での，一斉授業の様式が普及します。

1. 学校の種類

(1) 学校とは何か

現代の「学校」は,『広辞苑（第七版）』で次のように定義されています。

> ①一定の教育目的のもとで教師が児童・生徒・学生に組織的・計画的に教育を行う所,またその施設。「学校」の語は「孟子」に由来。
> ②一条校に同じ。

①のとおり,教育的意図のもとに教師と教育対象の子どもが存在し,組織的に運営される施設が「学校」と言えるでしょう。中国戦国時代に生きた孟子も「断機の教え」[1] の逸話のとおり,幼年期の甘い家庭環境を断ち遊学しました。日本の明治期も,青少年が「故郷へ錦を飾る」まで挑んだ欧米や東京等への留学が,文明開化と学校制度を広げました[2]。社会的に見た学校は,各地域や時代が求める次世代の人間を育てるための組織的な教育の場と言えます。

(2) 法制上の「学校」

『広辞苑』の定義②の「一条校」とは,法制上から見た「学校」です。まさしく学校教育法の第1条で,次のように列挙される学校のことです。

> **学校教育法（第1条）** （前略）学校とは,幼稚園,小学校,中学校,義務教育学校,高等学校,中等教育学校,特別支援学校,大学及び高等専門学校とする。

これらの校種が,教育基本法の次の条項で言う「法律に定める学校」です。

> **教育基本法（第6条）** 法律に定める学校は,公の性質を有するものであって,国,地方公共団体及び法律に定める法人のみが,これを設置することができる。

1：孟子が学業半ばで帰郷すると,母親（孟母）が織り布を断って諌めた故事。なお「教育」の語は,『孟子』の「得天下英才,而教育之」が語源とされます。
2：例えば津田塾大学（東京都小平市）創設者で,明治期の女子教育と英語教育を先導した津田梅子（1864-1929）は,満6歳でアメリカに留学しました。

つまり,「法律に定める学校(一条校)」は正規の学校であり,国と地方公共団体及び「法律に定める法人」[→2(1)]のみが設置できます。狭義の公教育は,一条校等の公的な教育施設と,その教育活動を指します。

(3) 学校教育法で示された「学校」の種類と目的

いわゆる「一条校」を,学校教育法で示されたそれぞれの目的に沿って見ておきましょう。第1章の[図1-1]や本書の別の章の記載と参照させ,また自らの学校体験をふり返り,各学校をイメージすることをお薦めします。

a. 幼稚園(第22条)[→第6章]

「義務教育及びその後の教育の基礎を培うものとして,幼児を保育し,幼児の健やかな成長のために適当な環境を与えて,その心身の発達を助長する」目的で,満3歳から就学前までの幼児に義務教育等の基礎を培います。2007(平成19)年の学校教育法改正で,一条校の筆頭となりました。

なお,幼保連携型認定こども園は,2006(平成18)年制定の「就学前の子どもに関する教育,保育等の総合的な提供の推進に関する法律(認定こども園法)」で定められる,幼稚園かつ児童福祉施設として位置づけられる施設です。

b. 小学校(第29条)[→第3章]

「心身の発達に応じて,義務教育として行われる普通教育のうち基礎的なものを施す」目的で,修業年限の6年間で満6歳以上の子ども(学齢児童)に教育を行います。明治期以来,義務教育制度の核となった校種であり,小学校の教職員や事務等に関する規定の多くは他校種にも準用されます。

c. 中学校(第45条)[→第3章]

義務教育課程の後半に当たり,修業年限の3年で,小学校教育の基礎の上に「心身の発達に応じて,義務教育として行われる普通教育を施す」学校です。対象は,小学校課程を終了した生徒(学齢生徒)です。

d. 義務教育学校(第49条の2)[→第3章]

小学校と中学校の課程を合わせた「心身の発達に応じて,義務教育として行われる普通教育を基礎的なものから一貫して施す」学校で,修業年限の9年間は前期課程6年と後期課程3年に区分されます。2015(平成27)年の学校教育法改正で一条校の一つに加えられました。ほとんどが公立校で,市区町村の状況

にもとづき，学力向上や校地の一体的利用を目的に設置されます．

e．高等学校（第50条）［→第5章1］

　義務教育課程を修了した者を対象に，中学校教育の基礎の上に「心身の発達及び進路に応じて，高度な普通教育及び専門教育を施す」学校で，「高度な普通教育」に加え「進路」や「専門教育」の要素が加わります．修業年限3年の全日制と3年以上の定時制，通信制の課程があり，専攻科や別科も設置可能です．

f．中等教育学校（第63条）

　中等教育の多様化を目的に1998（平成10）年に制度化されました．小学校教育の基礎の上に「心身の発達及び進路に応じて，義務教育として行われる普通教育並びに高度な普通教育及び専門教育を一貫して施す」学校で，修業年限の6年間は前期課程3年と後期課程3年に区分され，前者は義務教育課程に当たります．私立の中高一貫校[3]に類した教育課程をもちますが，公立の中等教育学校では学校教育法の趣旨を遵守して学力検査は行わず，多くの場合は志願者の適性検査やグループ活動等による入学者の選考が行われます．

g．特別支援学校（第72条）［→第4章1］

　視覚，聴覚に障害のある者，知的障害者，肢体不自由者，身体虚弱者を含む病弱者を対象に「幼稚園，小学校，中学校又は高等学校に準ずる教育を施すとともに，障害による学習上又は生活上の困難を克服し自立を図るために必要な知識技能を授ける」学校です．年齢の段階に応じて幼稚部，小学部，中学部，高等部に分かれ，小学部と中学部は義務教育課程に当たります．かつての聾学校，養護学校等の特殊教育諸学校が2007年に特別支援学校として再編され，現在も「○○養護学校」等の名称が残る場合があります．

h．大学（第83条）［→第5章2］

　普通教育，専門教育の枠組みを超え，高等教育機関として「学術の中心として，広く知識を授けるとともに，深く専門の学芸を教授研究し，知的，道徳的及び応用的能力を展開させる」学校で，教育研究の「成果を広く社会に提供す

3：多くの場合は「中等教育学校」ではなく，制度上は同じ敷地内に中学校と高等学校ある，という位置づけです．都市圏では入試が一般的です．

ることにより，社会の発展に寄与する」という社会的使命も規定されています。通信制の課程や夜間学部等の開設もでき，修業年限は原則的に4年間ですが，2年制の短期大学や各種の大学院も「大学」に含まれます。

i．高等専門学校（第115条）[→第5章2]

大学と同様に「深く専門の学芸を教授」する高等教育機関で，「職業に必要な能力を育成する」目的と，大学と同様の社会的使命ももちます。義務教育課程を修了した者，つまり中卒者が入学できます。原則的に修業年限5年の高等教育機関で，2年以上の専攻科も設置可能です。1962（昭和37）年に，産業界の要請に応えうる「実践的技術者」の養成を目的に新設されました。

2．設置者別に見る学校制度

（1）設置者別の学校の特質

学校の設置は，教育基本法の定義に加え学校教育法（第2条）により，国と地方公共団体の他に「私立学校法第3条に規定する学校法人」のみが設置可能と定められます。つまり，学校は設置者別にa．国立，b．公立，c．私立（学校法人立）の3種類あり，それぞれの数と特徴は次のとおりです。

表2-1　設置者別の学校数（2024年度現在）

区分	幼稚園	幼保連携型認定こども園	小学校	中学校	義務教育学校	高等学校	中等教育学校	特別支援学校
国立	47	1	67	68	5	15	4	45
公立	2,534	1,014	18,506	9,033	232	3,438	35	1,130
私立	5,949	6,306	249	781	1	1,321	20	16
合計	8,530	7,321	18,822	9,882	238	4,774	59	1,191

＊文部科学省（2024）『学校基本調査 平成6年度』総括より筆者作成
＊「高等学校」は通信教育のみの学校を除く

a．国立学校

国立学校は，原則的にすべての都道府県で公益を優先した計画配置が行われます。文部科学省は直接，学校を設置・運営しませんが，高等教育機関には2003(平成15)年制定の国立大学法人法にもとづく国立大学（大学共同利用機関[4]を含む）の他，高等専門学校[5]［→第5章2］があります。

高等教育以外の国立学校は，主に戦前の師範学校を前身とする国立の教員養成系大学・学部[6]の附属という位置づけで，実験的・先導的な教育課程・教育方法の開発や教育実習の実施（実習生の受け入れ），大学・学部の教育に関する研究への協力等を使命としています。

例えば，お茶の水女子大学附属幼稚園（東京都文京区）は日本の幼稚園制度を先導する存在で［→第6章1］，他の附属施設[7]とともに保育環境等の研究を進めています。東京大学教育学部附属の中等教育学校（東京都中野区）は総合学習や双生児教育等の研究を行うとともに，1966(昭和41)年より完全中高一貫教育体制を採り，国の中等教育学校の制度設計に貢献しました。奈良教育大学は2024(令和6)年度より附属幼稚園を国立校で初めての幼保連携型認定こども園に移行して，2歳児の受け入れを始めました。

b．公立学校

公立学校は，地域の実情にきめ細かく対応して計画的に配置されます。特に義務教育段階の学校は地方公共団体に設置が義務づけられ，［表2-1］の小・中学校，特別支援学校の公立校は，圧倒的に多いことがわかります。

原則的に義務教育段階の学校は市町村が，特別支援学校や高等学校は都道府県が設置します。他には組合立[8]があり，自治体や特別区等が共同して僻地等

4：情報・システム研究機構等，4つの研究機関（法人）があります。
5：独立行政法人国立高等専門学校機構により51校（55キャンパス）が設置されます。
6：○○教育大学という名称の大学が一般的で，東京学芸大学（東京都小金井市）は新制大学発足時に4つの師範学校が統合されました。横浜国立大学（神奈川県横浜市）は師範学校や経済，工業の専門学校を前身とします。
7：2005(平成17)年開設のナーサリー（認可外保育所）と，2016(平成28)年開設で東京都文京区の委託を受けて大学が運営する保育所型認定こども園があります。
8：組合は学校を設置するために組織された地方自治法における特別地方公共団体（法人）で，事務の一部を共同で処理できる「一部事務組合」と，自治体の構成や管轄などにより柔軟性のある「広域連合」の2種に分けられます。

の学校や分校等を開設し、義務教育を完遂させます［→第3章］。
  ｃ．私立学校
　私立学校法（第1条）は「その自主性を重んじ、公共性を高めること」で私立校の健全な発達を図ると定めます。一条校として認可された私立校は公教育の主体であるとともに、建学の精神にもとづく独自の教育目標が目指されます。［表2-1］のとおり、私立の小・中学校、また特別支援学校[9]は少ない一方、幼稚園と高等学校は私立校がきわめて多い実情がわかります。

（2）公教育の原則と拡大

　公教育は義務制、無償制、そして中立性を原則とします。義務制と無償制は義務教育段階の内容で、義務制は国民が保護する子女に普通教育を受けさせる義務［→第3章1］を、無償制は教科書代と国公立校の授業料の不徴収［→第3章2］を指します。すべての学校に該当する原則には中立性があり、学校教育の政治の他、宗教からの中立を指します。ただし私立学校は、宗教を教育目標及び教育課程に組み入れることが可能です[10]。

　『広辞苑（第七版）』において「公教育」は、「公的関与のもとに、広く国民に開放された教育」とされるとともに、「公費でまかなわれるものに限っていう場合もある」と説明されます。たしかに公教育は狭義には国公立校の教育を指しますが、日本においては私立校も公教育[11]の一翼を担います。私立校は一条校として認可され、その教育内容は学習指導要領・幼稚園教育要領を基準とし、運営に関しては公費[12]が補助されます。いわば公教育の拡大により、国民の教育機会と教育内容の水準（質）、また多様性が保障されます。特に幼児教育と高等教育は私学の割合がきわめて大きく、義務教育段階においても教育課程特例校［→第11章2］等の制度もあり、多様な教育活動が展開されています。

9：私立の特別支援学校の幼稚部は少なく、聴覚障害のある子どもが手話で学ぶ明晴学園（東京都品川区）等があります。
10：義務教育段階の私立学校は学校教育法施行規則（第50条）により、教育課程において「宗教」を「特別の教科である道徳」に代替できます。
11：「パブリック・エデュケーション」は「公共」の意味合いが強い一方で、イギリスの私立のパブリック・スクール式の教育を指すこともあります。
12：私学助成と呼ばれ、私立学校振興助成法等により財政援助が行われます。

3．教育法規：学校制度を中心に

（1）学校制度を支える法制度

　血縁・地縁等の何らかの社会的関係の中で発生する若い人や不慣れな者を教え育てる活動は，有史以前から続く人間の営みです。近代以降は国家による学校制度が確立され，国や自治体の「国民・市民」を育てる政治的意志と，国民・市民の側が人間の権利としての教育を求める動きを仕切るための法規が整えられていきます。

　戦前は1890（明治23）年に下賜された教育勅語に代表される国（天皇）による勅令・命令が原則でしたが，戦後は日本国憲法を土台に国民の意思を汲み，国会で法律が定められます（法律主義）。そうした原則と，運用のため省庁や自治体が定める細則は，教育問題を反映して今日も進化しています。

（2）教育法規の構造

　一般に法規は日本国憲法のもとに国による「法律」と，それを実施するための「政令」，さらに細則を定めた「省令」等で構成されます。教育に関する法規も国家として定めた法律（成文法）のもと，主要な法律に関しては政令（施行令），さらに省令（文部科学省令）が定められます。

　地方自治体も議会での審議をとおして「条例」と諸規則を定めています。また，子どもや人権に関する問題に関して，福祉等の領域で定められる法令の他，国連の定める「児童の権利に関する条約（児童の権利条約）」，「障害者の権利に関する条約（障害者権利条約）」等の日本政府が批准したものは遵守されます。実際の教育現場においては校則[13]等の成文法でない慣習や裁判所の判例も適用され，人と教育活動が守られる物理的・心的環境がつくられています。

　教育に関しては強制執行や罰則等の拘束力において限界が見受けられますが，法律主義の原則にもとづき，法令に反する国家や地方等の行為は禁ぜられます。

13：例えば1980，90年代に男子中学生の「丸刈り」校則の訴訟が続きました。

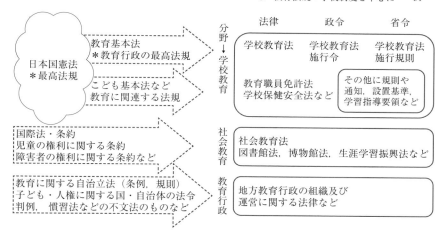

図2-1　教育に関する国家法令（成文法）の体系

では以下に、教育に関するa.国の法規類とb.国際的な条約等、c.自治体の条例等を整理します。

a．学校制度を支える法規等

　最高法規である日本国憲法は、国民の基本的人権の享有（第11条）を宣言するとともに、国民が教育を受ける権利とともに自らの子女に普通教育を受けさせる義務（義務教育）を定めています（第26条）。敗戦直後の1946（昭和21）年に憲法が公布され、その翌年に最上位の教育法規にあたる教育基本法と、学校教育制度の根幹となる学校教育法（施行は1947年）が定められました。なお、2006（平成18）年に教育基本法が大きく改正され[14]、その翌年に教育基本法の改正の影響を受けて学校教育法等の教育法規も改正されています。

　現行の学校教育の制度は学校教育法を基本とし、その実施のため定められた学校教育法施行令（政令）と同法施行規則（文部科学省令）が核となります。他にも教育職員や学級編成、教科書、学校保健・安全等の領域ごとに法令が定められ、校種別の「設置基準」も省令です。

　法規を補完するものに、学習指導要領に代表される文部科学大臣の「告示」

14：改正教育基本法等と呼ばれ、本書は改正法にもとづく条文を示しています。

b．国際的な条約等

普遍的な価値を共有する国際法規で政府が批准したものは，日本の法制度の基本理念として遵守されます。特に1989年に国連が採択し，1994(平成6)年に日本政府が批准した，「児童の権利に関する条約(子どもの権利条約)」[15]は子どもの基本的人権を保障する国際条約として尊重されます。

国連に関しては他にも世界人権宣言(1948年)，障害者権利条約(2006年)等が日本の法制と教育の実施体制に影響を与えています。ユネスコ(国連教育科学文化機関)が出した「教員の地位に関する勧告(地位勧告)」(1966年)や学習権宣言(1985年)等も重視されています。

c．自治体の条例等

自治体の法令には，国の法令の範囲内でそれぞれの地方議会が制定する条例と，知事や市長等の首長による規則等で定められています。例えば神奈川県川崎市(2000年)や長野県松本市(2013年)では，国際条約をベースに子どもの人権を尊重する「子どもの権利に関する条例」を定めています。古くは「不健全図書」の販売規制等を定めた「東京都青少年の健全な育成に関する条例」(1964年)等，ときの問題状況や政策課題にもとづいた条例が制定されます。近年では家庭教育やネット・ゲーム依存，虐待，読書活動等に関する条例が注目されます。悲惨な事件等を契機とする条例には「奈良県子どもを犯罪の被害から守る条例」(2005年)や，「大津市子どものいじめの防止に関する条例」(2013年)等があります。なお，全国で頻発するいじめの問題に対し，国は「いじめ防止対策推進法」(2013年)を制定しました[→第13章3]。

(3) 教育法規の現在

1947(昭和22)年制定の教育基本法は2006年に大きく改正され，翌年に学校教育法[16]及び関連する規則等も改正されました。義務教育の確実な実施に関し

15：「児童」は当該国の法律で成年に達した者を除く18歳未満と定義されます。国連機関のユニセフ(UNICEF，国際児童基金)が理念の普及を支えています。
16：学校教育法と地方教育行政の組織及び運営に関する法律，教育職員免許法は「教育三法」と呼ばれ，2007(平成19)年にすべて改正されています。

ては 2016(平成 28)年には教育基本法と児童の権利に関する条約等にもとづく「義務教育の段階における普通教育に相当する教育の機会の確保等に関する法律（教育機会確保法）」が制定されました［→第 4 章 3］。

普通教育を保障する政策の動きには子どもの貧困[17]や不登校，ヤングケアラー[18]等の深刻な状況が社会的に注目を集めた背景があります。国連の「児童の権利に関する条約（子どもの権利条約）」［→ 3 (2)］を日本政府は 1994(平成 6 年)に批准し，その骨子を既存の法制度で生かしてきましたが，子どもに関する政策を包括する基本法は長らく定められませんでした。21 世紀に入り，いわゆるニート[19]や引きこもり，貧困であえぐ青年を含めた子どもの状況が社会問題となる中で「子ども・若者育成支援推進法」（2009 年），また「子どもの貧困対策の推進に関する法律」（2013 年）が制定されました。そして，2023(令和 5)年に内閣府の外局として「こども家庭庁」が発足されることにともない，2022(令和 4)年に「こども基本法」が制定され（施行は 2023 年），子どもと若者に関する総合的な政策が扱われることとなりました。

他にも障害者総合支援法（2012 年），文化芸術基本法（2017 年）等の多岐にわたる分野・内容の法律が成立しています。子どもや教育，文化に関する法律は予算や人員の配置，罰則が伴わない規定が少なくありませんが，成文化により，教育関係者や行政，一般の国民に子どもや教育を支える理念と方策の共通理解が図られ，教育環境の条件整備の向上が目指されています。

17：阿部彩（2008）『子どもの貧困：日本の不公平を考える』岩波書店は，日本の貧困率が OECD 諸国の中で第 2 位と示し，社会の注目を集めました。

18：「家族の介護その他の日常生活上の世話を過度に行っていると認められる子ども・若者」（第 2 条）が追記された子ども・若者育成支援推進法が 2024(令和 6)年に施行され，18 歳以上の若者も含めて支援の強化が図られました。

19：1999（平成 11）年の英国内閣府の報告書で使われた「進学も就職もせず教育訓練も受けない（Not in Employment, Education or Training）」の意味で，現在の日本では 15-39 歳の「若年無業者」と定義されています。

第3章

現代日本の義務教育制度

明治記念館(旧・八戸小学講堂)
画像提供:櫛引八幡宮

　1872(明治5)年に「国民皆学」をうたう学制が布告されました。それぞれの地域で住民が子どもの授業料の他に学校の建設費や土地を寄附したりして、すべての子どもが通う「学校」に期待を寄せました。

　八戸小学(現・八戸市立八戸小学校)の開校は1873(明治6)年9月でした。図は1881(明治14)年に新築された校舎です。地元の大工が設計した木造の洋風建築で、明治天皇の御巡幸の際は行在所(あんざいしょ)となりました。卒業生には自由学園[→第12章扉図]を創設した羽仁もと子がいます。

　1886(明治19)年の小学校令により、義務教育段階の4年間の尋常小学校と、その後に進学する2年間の高等小学校の制度が整います。また、同年に定まった国の会計年度に合わせ、全国の小中学校は4月入学に統一されます。

1. 義務教育制度の原理

（1）義務教育とは何か

　義務教育とは，日本国憲法（第26条）の「ひとしく教育を受ける権利」に由来し，教育を受けなければならない義務ではなく，教育を受けられる権利を指します。また教育・学習の権利は，憲法（第11条）の定める基本的人権の中に含まれると解釈されます。さらに憲法に，次の条項があります。

> **日本国憲法（第26条2）**　すべて国民は（中略）その保護する子女に普通教育を受けさせる義務を負ふ。義務教育は，これを無償とする。

　つまり，子どもに教育を受けさせる義務を負うのは子どもの保護者である国民で，これを「就学義務」と呼びます。国もまた，無償の義務教育を行う義務を負います。そして義務教育は，次のようにすべての国民に保障されます。

> **教育基本法（第4条）**　すべて国民は，ひとしく，その能力に応じた教育を受ける機会を与えられなければならず，人種，信条，性別，社会的身分，経済的地位又は門地によって，教育上差別されない。

　現代では当たり前の内容に見えますが，戦前は障害や経済的貧困が不就学の理由となり得たこと，また女子は男子のみの「中学校」に準じた高等女学校に通っても大学進学が不可能だったこと等，出自による差別や教育格差が当然視された歴史を省みると，この条文は重みがあります。

　2006(平成18)年に改正された教育基本法（第10条）では家庭教育に関する条項が加えられ，「父母その他の保護者は，子の教育について第一義的責任を有する」とされましたが，子どもに教育を受けさせる義務は保護者だけでなく，教育基本法（第4条2，3）のとおり国と地方公共団体にも課せられます。

　これらの条文と，国連が1989年に採択（日本は1994年に批准）した「児童の権利に関する条約（子どもの権利条約）」等の趣旨に則り，2016(平成28)年に「義務教育の段階における普通教育に相当する教育の機会の確保等に関する

法律（教育機会確保法）」が公布され，現代社会の実状をふまえた制度が拡充されています［→第4章］。

（2）義務教育の内容・目標

日本国憲法（第26条）で示された義務教育の内容にあたる「普通教育」は，次のように教育基本法でより詳しく定められています。

> **教育基本法（第5条2）** 義務教育として行われる普通教育は，各個人の有する能力を伸ばしつつ社会において自立的に生きる基礎を培い，また，国家及び社会の形成者として必要とされる基本的な資質を養う（後略）。

つまり普通教育は，個人として自立して生きるための基礎と，国民や市民としての基本的な資質を養うための教育で，義務教育の核となります。

また2007（平成19）年に改正された学校教育法（第21条）は，義務教育の目標として10項目を列記しました。例えば第1項では主体的に社会の形成に参画し，発展に寄与する態度を養うこと，第2項では生命，自然を尊重する精神と環境の保全に寄与する態度を養うこと等，子どもに求められる態度，規範意識が記されています。第5項では国語，第6項では数量，第7項では自然現象を理解し，それらを生活のなかで処理する基礎的な能力を養うことも挙げられています。そしてこれらは，学校の教育課程編成の前提となります。

義務教育段階の教育を前提に，高等学校等の後期中等教育では高度な普通教育が施されます。また幼稚園では，義務教育等の基礎を培う保育が行われます。

（3）国・地方公共団体の役割

明治政府が公教育制度を創設した当初は，1872（明治5）年に布告した学制により全国を8大学区に分け，各大学区を32の中学区に，さらに各中学区を210の小学区に分ける制度が示されました。すべては実現しませんでしたが，人口600人相当の学区で小学校を設置し，授業料や施設費の他，教師の給料等も含めた学校の運営費を民費で調達する仕組みが全国でつくられました[1]。

1：蛭田道春（2024）『明治初期における小学校の設立過程：神奈川県三崎地区の事例を中心として』日本地域社会研究所などが参考になります。

現代の日本では，日本国憲法（第26条）で，保護者の就学義務と国の義務教育を行う義務が定められていることは，1（1）で述べたとおりです。義務教育の実施は，教育基本法第5条で次のようにより具体的に定められています。

> **教育基本法（第5条3）** 国及び地方公共団体は，義務教育の機会を保障し，その水準を確保するため，適切な役割分担及び相互の協力の下，その実施に責任を負う。
> **同法（第5条4）** 国又は地方公共団体の設置する学校における義務教育については，授業料を徴収しない。

つまり，国と地方公共団体は連携して義務教育の機会を保障するための条件整備を担います。ここに二つの義務があり，義務教育諸学校を設置する義務は「設置義務」と呼ばれます。また，国公立校の授業料は不徴収，つまり無償で，就学が困難な者には援助がなされます。これは「保障義務」と呼ばれます。

2．義務教育制度の実際

前節で概観したとおり今日の日本では，すべての国民が無償で一定水準の普通教育を受けることが保障されます。本節では義務教育制度の具体的な仕組みや，制度の完遂を支える取り組みを見ていきます。

（1）就学義務

子どもに普通教育を受けさせる義務を負うのは保護者です。父母に限らず，子どもに対して親権を行う者，また未成年後見人が該当します。

保護者が就学させる子ども，つまり義務就学の主体となるのは学齢期の子どもで，該当する小学生は「学齢児童」，中学生は「学齢生徒」と呼ばれます。これらの詳細は，次のように学校教育法で定められています。

> **学校教育法（第17条）** 保護者は，子の満6歳に達した日の翌日以後における最初の学年の初めから，満12歳に達した日の属する学年の終わりまで，これを小学校又は特別支援学校の小学部に就学させる義務を負う。（後略）
> **同法（第17条2）** 保護者は，子が小学校又は特別支援学校の小学部の課程を修了

> した日の翌日以後における最初の学年の初めから，満15歳に達した日の属する学年の終わりまで，これを中学校，中等教育学校の前期課程又は特別支援学校の中学部に就学させる義務を負う。

　このように特に学齢期の就学の年限は細かく定められています[2]。その大きな理由は，義務教育段階の学校が「年齢制（履修主義）」を採るためです。

　年齢制においては，原則的に一定の年齢で所定の期間に就学（履修）すれば，教育課程の修了が認められます。特に日本では学校行事や児童会・生徒会など，同学年の児童生徒で編成される学級にもとづく教育活動を重視しているため，年齢に相当する学年を超えた「飛び級」は不可能です。別の立場には，一定の水準以上の課程（学習内容）の修得が評価される「課程制（修得主義）」があり，高等学校や大学等の教育機関で適用されています。

　もっとも義務教育段階においても学校教育法施行規則（第57条）にもとづき，各学年の修了や卒業にあたり「平素の成績を評価」するため，成績不振や出席日数不足等で学習内容の修得が認定されない場合は進級や卒業ができず，これを原級留置（留年）と言います。しかし，原級留置が行われる事例はきわめて少なく，学校の厳格な評定や本人及び保護者の意向等の無い限り，おおむね規定の年齢どおりに進級や卒業が行われる現状があります。すべての学齢児童生徒が一定水準の普通教育を受ける機会を保障するため，少なくとも学習指導要領で示された学習内容を修得できる環境づくりが求められます。

（2）就学の猶予・免除

　学校教育法（第18条）は，「病弱，発育不完全その他やむを得ない事由のため就学困難と認められる者」の保護者に，義務就学を猶予または免除可能としています。2023(令和5)年度の学校基本調査によると就学免除者は2,986人，猶予者は1,004人に上ります。理由には病弱・発育不完全の他，保護者に就学義務のない重国籍の子どもが多く，その他に児童福祉法で定める児童自立支援

2：1902(明治35)年公布・施行の「年齢計算ニ関スル法律」にもとづき，誕生日の前日の午後12時（24:00）に「1歳」が加えられます。

施設[3] または法務省の管轄にある少年院に子どもがいる場合や，本人の失踪（一年以上居所不明）があります。いずれにしても，やむを得ない理由です。

戦前は経済的困窮や就学すべき学校の未設置，障害等による就学猶予・免除がありましたが，現行の法制度では認められません。国や自治体は学校の設置と保障の義務を負い，少年院等の施設においても学校教育に準ずる教育が行われ[4]，年齢や学力等に相当する学校・学級への中途の編入も行われています。

特別支援教育は，終戦直後に当時の盲，聾学校が義務教育化されましたが，養護学校の義務化は1979（昭和54）年となりました。2007（平成19）年の学校教育法改正により盲学校や養護学校等が統合された「特別支援学校」の制度が生まれ[5]，全校種においても特別支援教育が強化されました。インクルーシブ教育が重視される今日は医療的ケア児[6] 等も含め，通常の学校・学級にすべての子どもを受け入れる体制づくりが問われています。

（3）就学の援助

1 (1) で見たとおり，日本国憲法で義務教育は無償と定められましたが，無償の内容は授業料（国公立校のみ）と教科書代[7] に限られます。そのため，各家庭で負担する学校教育費（体操着等の教材費，旅行費等）は，公立小学校で年間6万6千円，公立中学校で13万2千円という国の調査結果があります[8]。さらにこの金額に給食費と補助学習費（習いごと，学習塾等）を合わせた学習

3： 不良行為をなす恐れのある児童や環境上の理由により生活指導を要する児童等を対象とした社会福祉施設で，全国で国立2施設を含め58カ所あります。国立武蔵野学院（旧・国立救護院）に，さいたま市立中学校の分教室が2006（平成18）年に設置され，学齢児童に学習指導を行います。武蔵野学院には自立支援専門員養成所も置かれ，児童自立支援専門員や児童福祉司等の専門職の養成・研修が行われています。なお，福祉行政における「児童」は18歳未満を指します。

4： 少年院では矯正教育を目的に生活指導，職業補導，教科教育，保健・体育，特別活動の5つの指導領域で構成される教育課程があり，院外の学校等を活用した教育が法務教官の指導により行われます。

5： 他にも特別支援学級や通級指導教室の仕組みもあります［→第4章1］。

6： 人工呼吸器の装着等の医療行為を日常的に必要とする子どもで，通常の指定校への入学が保護者の付き添いを条件とされる地域が少なくありません。

7： 「義務教育諸学校の教科用図書の無償に関する法律」（1962年）以降です。

8： 文部科学省（2022）「令和3年度子供の学習費調査」調査結果の概要より。

費の総額は、公立小学校で年間35万3千円、公立中学校で53万9千円に上ります。中学生では制服代の他、通学用の自転車や部活用品等も含まれます。

学校教育法（第19条）は、経済的理由により就学困難と認められる学齢児童生徒の保護者に、市町村が必要な援助を与えねばならないと定めています。つまり低所得の世帯の保護者の就学義務を経済援助により履行させる制度で、これを「就学援助」と呼びます。市区町村の教育委員会が支給額を決定し、生活保護法に規定する要保護者の経費は国が補助し、要保護者と同程度の困窮と認められる準要保護者の援助に必要な経費は地方財政措置が講じられます[9]。上履きや制服等の購入が嵩む新入生対象の新入学児童生徒学用品費（入学準備金）も市区町村が支給します。就学援助が適用される小中学生は増え、子どもの貧困率が7人に1人と言われる今日、ほぼ同程度の実施率です。

生活保護法（第13条）による要保護者の教育扶助制度も、義務教育課程で必要な教材代や給食費、交通費等の金銭を給付します。ただし、就学援助と重複する内容に対し教育扶助は適用されません。また給食費を負担したり、支給時期を早めたりする市区町村が増えた一方、運用の地域差は否めません。

日本国憲法が施行された時点の教科書代は有償でしたが、1962（昭和37）年の「義務教育諸学校の教科用図書の無償に関する法律」制定によって無償となりました[10]。すべての子どもの教育機会を保障するために、援助内容・方法の不断の見直しは不可欠です。

（4）障害のある児童生徒に関する就学奨励制度

国と都道府県、市区町村は「特別支援学校への就学奨励に関する法律」にもとづき、特別支援学校等に通う児童生徒の通学費や付添人の交通費、教科用図書購入費、寄宿舎居住の場合の経費等に対し全額、または一部の補助を行います［→第4章1］。保護者の負担を軽減して就学を奨励する施策で私立校も対

9：「就学困難な児童及び生徒に係る就学奨励についての国の援助に関する法律」で国の援助が定められます。給食費の補助は学校給食法に定めがあります。
10：市民や教師による教科書無償運動が制度改正につながりました。村越良子・吉田文茂（2017）『教科書をタダにした闘い：高知県長浜の教科書無償運動』解放出版社等を参照してください。

象とし，諸経費は就学する学校の校長に対して交付されます。

　視覚障害に対応した点字教科書等は検定教科書に代替して無償給付されます。2008（平成20）年施行の「障害のある児童及び生徒のための教科用特定図書等の普及の促進等に関する法律（教科書バリアフリー法）」制定により，例えば弱視の児童生徒に合わせた拡大教科書[11]や教科書の内容を読み上げる音声教材[12]等も給付の対象に含まれます［→第11章3］。

（5）児童生徒の労働保護

　国連の「児童の権利に関する条約」［→第2章3］に次の条文があります。

> **児童の権利に関する条約（第32条1）** 締約国は，児童が経済的な搾取から保護され及び危険となり若しくは児童の教育の妨げとなり又は児童の健康若しくは身体的，精神的，道徳的，若しくは社会的な発達に有害となるおそれのある労働への従事から保護される権利を認める。

　児童の経済的搾取や有害労働は，社会においてあってはならないことです。労働目的の人身売買や性的搾取を含め道義にもとる児童労働は，教育問題である以前に各国の基礎法（憲法等）で禁じられています。

　学校教育法（第20条）は，学齢児童生徒の「使用」により義務就学に支障がないよう，使用者が避止義務を負うことが定められています。ここでの使用とは，労働基準法等で規定される範囲の労働です。労働基準法（第56条）は，15歳未満の労働を禁じていますが同条2項は「児童の健康及び福祉に有害でなく，かつ，その労働が軽易なもの」は，満13歳以上の児童を修学時間外に使用できるとしています[13]。また，いわゆる「子役」が該当しますが，映画製作や演劇事業の現場で12歳未満の者の労働は条件付きで認められています。しかし児

---

[11]：検定教科書の文字等を拡大した教科書で，ボランティア団体等が製作しています。2004（平成16）年度より無償給付され，2022（令和4）年度に小・中学校の検定教科書の，ほぼ全点で拡大教科書版が発行されました。

[12]：著作権法が改正され，国際規格のDAISY版等が製作されています。

[13]：ただし危険有害業務や坑内労働などは禁止され，労働時間や契約も細かな規定があり，いずれの場合も行政官庁の手続きが必要です。

童生徒が義務教育を受けることを，使用者は妨げてはなりません。

（6）私立学校への助成

　義務教育の完遂のために私立校への助成は不可欠です。私立の義務教育諸学校の数は少なく［→第2章2］，特に私立小学校は小学校総数の1％ほどですが，これらの私立学校は公教育の一翼を担う重要な存在です。

　私学の教育条件の維持・向上，また家庭の経済的負担の軽減を目的に，認可された私立学校や学校法人に対して私立学校法や私立学校振興助成法（私学助成法）にもとづく助成や税制上の優遇措置[14]が行われています。

　1975（昭和50）年に始められた都道府県が行う私立高等学校等経常費助成は経常費の他，外国語教育の強化や特別支援教育の充実，家計急変世帯等の授業料減免等に生かされ，国も補助を行います。その他に校舎の耐震改修・補強やバリアフリー化等に対する補助も行われています。

　1998（平成10）年設立の国の全額出資を受ける日本私立学校振興・共済事業団は，私立学校の助成や教職員の福利厚生等にあたる事業を行っています。民間の団体には1962（昭和37）年設立の日本私学教育研究所があり，その研究事業や初任者研修等の経費の一部を国が補助しています。

14：収益事業を行う場合を除きますが法人税と事業税，また教育・保育に使用する不動産の取得税や固定資産税等が原則的に非課税となります。

第4章

さまざまな義務教育のすがた

艀から学校に通う子どもたち（日本水上学校）
画像提供：聖坂支援学校

　私立の特別支援学校は全国に15校のみ（2023年度現在）で、その一つは聖坂支援学校（神奈川県横浜市）です。同校の前身は1942（昭和17）年設立の水上学校です。住居を兼ねた木造船（艀）で生活する不就学の高年齢児を低額の月謝で寄宿舎に迎え、少人数教育を行いました。高度経済成長期に入って水上生活者が激減した後も、就学を免除されて学校に通っていない障害のある子どもの教育が続けられ、1967（昭和42）年に聖坂養護学校小学部が開校されました（中学部開校は1979年）。

　学校教育制度において養護学校（現在の特別支援学校）の義務制が実施されたのは1979（昭和54）年です。往時の水上学校の取り組みは、障害のある児童生徒の就学の猶予・免除が当然視された時代における偉業であり、義務教育制度の意義や実施のあり方を考える上での貴重な遺産です。

1. 障害のある児童生徒の義務教育

(1) 特別支援学校と義務就学

　特別支援学校は，学校教育法（第72条）にもとづき「障害による学習上又は生活上の困難を克服し自立を図るために必要な知識技能を授ける」教育を目的とします。小学校，中学校の学習指導要領の基準性は守られつつ，教科等の内容に加えて個別の指導計画にもとづいた自立活動[1]の指導が行われます。各学校，学級で障害の状況等に応じた弾力的な教育課程の編成も可能です[2]。学級編成は小・中学部で1学級6人（重複障害の場合は3人）を標準とし，原則的に特別支援学校教諭免許状を有する教員によるきめ細かな指導が行われます。

　特別支援学校就学の判断の基準となる障害の種類と程度は，学校教育法施行令（第22条の3）で次のように示されています。

○視覚障害者……両眼の視力が概ね0.3未満の者。または拡大鏡等の使用によっても文字，図形等の認識が不可能または著しく困難な程度の者。
○聴覚障害者……両耳の聴力レベルが概ね60db以上の者のうち，補聴器等の使用によっても話声を解することが不可能または著しく困難な程度の者。
○知的障害者……①知的発達の遅滞があり，他人との意思疎通が困難で日常生活を営むのに頻繁に援助を必要とする者。②知的発達の程度は①に達しないが，社会生活への適応が著しく困難な者。
○肢体不自由者……①肢体不自由の状態が補装具の使用によっても日常生活における基本的な動作が不可能，または著しく困難な者。②肢体不自由の状態は①に達しないが，常時の医学的観察指導を必要とする程度の者。
○病弱者……①呼吸器等の疾患の状態が継続して医療，または生活規制を必要とする程度の者。②身体虚弱の状態が継続して生活規制を必要とする程度の者。

1：自立活動は「健康の保持」「心理的な安定」「人間関係の形成」「環境の把握」「身体の動き」「コミュニケーション」の6つの区分で構成されます。
2：知的障害者を教育する特別支援学校では，知的障害の特性等をふまえた教育課程が構成されます。例えば，小学部の全学年で「生活」が置かれます。

学校教育法（第80条）は都道府県の特別支援学校の設置義務を定めますが[3]，個々の児童生徒の就学は，学校教育法施行令（第5条）にもとづいて市町村の教育委員会が障害の状態や支援内容，地域の教育体制等を総合的に考慮し，特別支援学校就学が適当と認める者（認定特別支援学校就学者）に対して通常の学校指定を変更することで就学が決定します。同時に同令（第6条関連）で，特別支援学校に在学する児童生徒で障害の状態が変化した場合に，教育委員会への通知により学校指定の変更が行われることも定めています。

近年は学校指定の際に保護者の意見やインクルーシブ教育等の多様な観点が重視され，国は障害の判断にあたっての留意事項を通知しています[4]。専門医による診断結果を求めるとともに，知的障害者については一般の検査の他，コミュニケーション等の適応機能の状態の調査や環境の分析も求めています。

重い障害が認められる子どもの通常の学校への就学，不登校の子どもの特別支援学校就学等を保護者が希望する例もあります。当該児童生徒に最善の教育を施すため，本人と専門家の意見を尊重するとともに，保護者への適切な情報提供も重要です。例えば知的障害や情緒障害等で将来的に障害基礎年金を請求する際に医師の診察の初診日が不明であると却下される事例もあり，子どもの福祉の観点から保護者に早期の受診を促す等の知見も必要です。

特別支援学校の就学者数は増加傾向にあり，2022（令和4）年度は義務教育段階の児童生徒数の0.9％にあたる8.2万人が在籍しています。教室不足が続いたことから，2021（令和3）年に特別支援学校設置基準が公布され（2022年より施行），小学部・中学部の1学級あたりの児童生徒数は6人（障害または病弱の重複の場合は3人）以下と定められました。

（2）特別支援学級・通級による指導

学校教育法（第81条2）にもとづいて小・中学校等は，知的障害者と肢体不自由者，身体虚弱者，弱視者，難聴者等に該当する児童生徒のために特別支援学級を置くことができます。学校教育法施行規則（第136条）により1学級の

3：市立校の場合は都道府県教育委員会が認可します。
4：文部科学省初等中等教育局長（2013）「障害のある児童生徒等に対する早期からの一貫した支援について（通知）」

児童生徒数は15人以下を標準とし、公立校の場合は8人以下[5]です。

　また義務教育諸学校は同法施行規則（第140条）にもとづき、言語障害者、自閉症者、情緒障害者、弱視者、難聴者、学習障害者（LD）、注意欠陥多動性障害者（ADHD）に該当する児童生徒に、障害に応じた特別な指導を行うことができます。これは「通級による指導（通級指導）」と呼ばれ、比較的軽度の障害のある児童生徒が通常の学校・学級に在籍しつつ、一部の時間のみ市町村の定める通級指導教室で個別の教育計画にもとづく授業を受けます[6]。1993（平成5）年度に小・中学校で始められ、大阪府は2018（平成30）年度、東京都は2021年度より、公立高等学校での通級指導を制度化しています。

　2006（平成18）年の学校教育法改正により特別支援教育が推進される中で、障害の重度・重複化への対応とともに、LDとADHDが通級指導の対象として加わりました[7]。2022年度の義務教育段階の児童生徒数952万人のうち、特別支援学校の在籍者は0.9％、特別支援学級の在籍者は3.7％、通級指導を利用者は2020（令和2）年度の値ですが1.7％に増えています。

　また、通常の学校・学級にも障害等のある児童生徒が在籍しています。2022年の文部科学省調査によると小・中学校の通常の学級における発達障害（LD, ADHD, 高機能自閉症等）の可能性のある児童生徒の在籍率は、学級担任等の教員の回答にもとづくと8.8％に上ります。

　2013（平成25）年に「障害を理由とする差別の解消の推進に関する法律（障害者差別解消法）」が制定され（施行は2016年）、文部科学省は学校が対応しうる合理的配慮の具体例や相談体制の整備の必要を示しました。同法は2021年に改正され（施行は2024年）、さらに強化されました。場合によっては「障害」の認定が無くとも最善の配慮をなすために、本人と保護者、教育委員会、専門家と十分に話し合った上での取り組みがいっそう重要です。

5：「公立義務教育諸学校の学級編成及び教職員定数の標準に関する法律（標準法）」第3条で定められます。
6：1993年より学校教育法施行規則（第140条）にもとづき、標準の授業時数は年間35-280単位時間、LDとADHDの場合は10-280単位時間とされました。
7：中央教育審議会（2005）「特別支援教育を推進するための制度の在り方について（答申）」は、通級指導の指導時間数と障害種の弾力化を提言しました。

（3）病院内に設置された学級（院内学級）

　院内学級は，学校教育法（第81条第3項）により，小学校等の学校が「疾病により療養中の児童及び生徒に対して，特別支援学級を設け，又は教員を派遣して，教育を行うことができる」という条項を根拠に，小児科病棟をもつ国公私立の病院に設置される特別支援学級です。1994（平成6）年の当時の文部省の通知「病気療養児の教育について」を契機に設置が増えました[8]。病院内の分教室に子どもが病室から通う，または病室を教員が訪問する等して，主に特別支援学校の教員と特別支援教育支援員が指導を担当します。教科等の学習の他，子どもの実態に合わせた学校行事や進路指導等が実施されます。

　医療が発達した今日，子どもの多くは寛解して入院の短期化が進められ，2004（平成16）年の東京都立片浜養護学校（静岡県沼津市）[9]閉校に見られるように病弱教育も縮小傾向にあります。しかし，児童生徒の基礎学力を保障し，自主性・社会性を涵養し，心理的安定に寄与する院内学級は重要です。原則的に在籍する小・中学校等からの学籍の移動（転入）が必要なため，入退院ごとの転校手続きを省ける二重学籍の措置等も検討される必要があります。

（4）訪問指導（訪問教育）

　1(3)で触れた学校教育法（第81条第3項）の規定で，職員を派遣し自宅や施設等で療養中の児童生徒に行う教育が訪問指導（訪問教育）です。1960年代より先進的な自治体や当時の特殊教育学校が家庭等の訪問を始め，1979（昭和54）年の当時の養護学校の義務化により障害児の就学制度が徹底されたことを背景に，全国で取り組まれるようになりました。長期療養中の重度の肢体不自由児や重複障害児に対する家庭や病院での指導が中心ですが，子どもの状況，状態に合わせて特別支援学校でスクーリングが行われることもあります。

8：例えば北里大学病院（神奈川県相模原市）の「北里学級」，国立がん研究センター中央病院（東京都中央区）の「いるか分教室」があり，教育委員会と連携して公立校の分教室となっています。一方，神奈川県立こども医療センター（神奈川県横浜市）は県立の病弱特別支援学校と隣接した独自の形式です。

9：1941（昭和16）年に当時の東京市が肺結核の病虚弱児の転地療養のため開設しました。

2．海外で暮らす子ども・外国につながりをもつ子どもの義務教育

（1）海外に在留する日本人の義務教育

　海外に在留する日本人の子どもの義務教育も保障されます。一条校に準じた教育を行う目的で設置された在外教育施設には，次の3種類があります[10]。

a．日本人学校

　日本の学習指導要領にもとづく教育課程を有し，文部科学大臣の認定を受けた全日制の教育施設です[11]。1956（昭和31）年のタイの日本国大使館附属のバンコク日本人学校設立が最初で，2023（令和5）年現在は世界49カ国と1地域に94校があり，高等部を含めると約1万6千人が学んでいます。多くは日本人会や日本企業が設置・運営しています。教員は日本の教員免許状をもち，1964（昭和39）年度より教員派遣制度が確立されました[12]。

b．補習授業校

　現地の学校等に通う日本人子女に，放課後に小・中学校の一部の教科の補習授業を行う教育施設です。1958（昭和33）年にワシントンの日本国大使館に置かれた学校が最初で，2023年現在は世界51カ国と1地域に237校が設置され，主に検定教科書や日本語を使って約2万人が学んでいます。

c．私立在外教育施設

　国内の学校法人等が設置・運営する全日制の教育施設です。2023年現在は世界に7校あり，このうち小学部と中学部を有する施設はイギリスの立教英国学院とアメリカの西大和学園カリフォルニア校です。

10：本章は，文部科学省Webサイト「在学教育，帰国・外国人児童生徒教育等に関する総合ホームページ「CLARINET」」の情報を参照しました。

11：学校教育法（第57条）と同法施行規則（第95条）により，外国で9年間の教育課程を修了した者には高等学校への入学資格を認めています。

12：1966（昭和41）年度より公立校教員が公募形式で2年間派遣されます。2024（令和6）年度現在は退職教員が対象のシニア派遣教師（夫婦派遣枠あり）の他，日本国内で正規採用教諭を目指す29歳以下のプレ派遣教師が公募されています。

（2）海外から帰国した子どもの義務教育

　海外から帰国した児童生徒の教育は，日本の学校生活への適応を図ると同時に，外国における貴重な生活経験等を生かすための指導が必要です[13]。

　2022（令和4）年度間の義務教育諸学校（中等教育学校を除く）にいる帰国児童生徒は8,612人で，そのうち7,549人が公立校に在籍します。海外に1年以上在留した学齢児童生徒は，原則的に年齢に相当する学校・学年に編入学できますが［→第3章2］，帰国子女に限らず日本語指導が必要な日本国籍の児童生徒は小学校で7,550人，中学校で2,376人，義務教育学校で77人が認められ[14]，通級による日本語指導等が行われています。

　国立大学の附属校では1974（昭和49）年度より義務教育段階の帰国児童生徒教育学級が導入されました。この学級の制度は，現在6大学8校に設けられ，その他の国立校でも帰国子女の受入を行っています。

（3）外国につながりのある子どもの義務教育

　外国籍の子どもの保護者に就学義務は課されませんが，保護者が希望すれば日本の国民と同等で国際法に見合った教育を受ける機会が保障され[15]，教科書の無償給付などの制度も準用されます。1990（平成2）年に施行された改正「出入国管理及び難民認定法」等を背景に滞在外国人は増え，公立学校に在籍する外国人児童生徒は2023年現在は13万人弱で，日本国籍の子どもも含めて日本語指導が必要な児童生徒も増加傾向にあり，母語も多様です[16]。

　学校教育法施行規則（第56条の2）は，日本語教育を行う必要がある場合の教育課程編成の特例を定めています。通常の公立校では国の補助を受け，各自治体の裁量で日本語指導や教科指導，入学・編入前後の指導体制を行う体制が

13：2017（平成29）年告示の小学校学習指導要領の第1章第4の2「特別な配慮を必要とする児童への指導」より。中学校学習指導要領にも同様の記述があります。
14：出典は文部科学省（2022）「日本語指導が必要な児童生徒の受入状況等に関する調査結果の概要」で，2021（令和3）年度の値です。
15：日本と異なる国籍の選択を予定する重国籍者は日本の就学は免除されます。
16：日本語指導が必要な日本人については帰国子女の他，家庭内言語が日本語以外の場合等が想定されます。

整えられます。先駆的な例には東京都世田谷区の帰国・外国人児童・生徒指導支援校があります。1983(昭和58)年に前身となった制度が始まり[17]、教育相談室や補習教室の開設、日本語指導補助員の派遣等を行います。保護者への通訳派遣もあり、家庭を含めて総合的に支援されます。

一方で不就学の外国人児童は増えており、2022年の国の調査では約8千人に上る可能性があるとされます。学齢期の子どもを自治体が把握していない、一つの学校に日本語指導が必要な子どもが5名以上いないと専任教員が加配されない、日本語教師は会計年度任用職員等の不安定な雇用形態が多い等の問題の改善は急務です。2023年に「日本語教育の適切かつ確実な実施を図るための日本語教育機関の認定等に関する法律」が成立し、民間資格だった日本語教師が2024(令和6)年より「登録日本語教員」と呼ばれる国家資格[18]となりました。同年に日本語教育に関する事務分掌が文化庁から文部科学省に移管され、教育行政の中で日本語教育の充実が図られます。

外国人学校の役割も重要です。主に定住外国人の児童生徒が通うブラジル人学校等の民族学校の一部は、各種学校として認可されています。国際学校のうち、主に英語で授業を行う学校はインターナショナル・スクールと呼ばれます。国際バカロレア(IB)認定校[19]もあり、学費は高額ですが、外国語教育や海外の進学に必要な資格の取得、またアクティブな教育方法は、外国人の他に日本人の児童生徒にも人気があります。高度な数学やICT教育を行うインド人学校(GIIS)(東京都江戸川区)や、イギリスの伝統あるパブリック・スクール［→第1章2］の系列となるハロウ校(岩手県八幡平市)、ラグビー校(千葉県柏市)等が注目されます。ただし、これらは義務就学と認められないため、特に編入学・卒業の際に学校段階間の接続を確認しておく必要があります。

17：文部科学省の「帰国・外国人児童・生徒と共に進める国際化推進地域」の指定を受け、その後も世田谷区の独自の事業として継続されました。
18：教員免許状とは異なりますが、日本語教育を行う専門家として登録されます。筆記試験(基礎試験・応用試験)合格と実践研修の履修が登録要件です。
19：2018(平成30)年設立の文部科学省IB教育推進コンソーシアムによると2024年現在の認定校はPYP(3-12歳)で65校、MYP(11-16歳)で39校です。

3. フリースクール・山村留学・夜間中学など

(1) 義務教育段階の子どもが通う民間の団体・施設（フリースクール）

「一条校」[→第2章2] とは異なる民間の施設に「フリースクール」があります。『広辞苑（第七版）』（岩波書店）は次の2項で定義しています。

> ①子供の自主性を尊重し，公式カリキュラムにとらわれない教育を行う学校。
> ②不登校などの，通常の学校教育を受けていない児童生徒を受け入れ，教育を行う施設。

日本では，②のイメージが強いのではないでしょうか。たしかに国の調査によると，2022（令和4）年度の国公私立の小・中学校の不登校児童生徒数は約29万9千件にも上り[20]，他にも保健室等の教室外で過ごす子どもも少なくないでしょう。これらの子どもの教育を支える民間団体・施設は一般に「フリースクール」と呼ばれ，近年は小学校児童対象の施設も増えています。

また①の意味では，シュタイナー学校[21]等の独自の教育理念・方法と運営組織をもつ施設が挙げられます。2(2)で触れた国際学校も含まれるでしょう。

2015（平成27）年の国の調査では，義務教育段階の子どもが通う474のフリースクールのうち7割弱がNPO法人や任意団体の運営する施設でした[22]。2016（平成28）年に「義務教育の段階における普通教育に相当する教育の機会の確保等に関する法律（教育機会確保法）」が制定され，国と自治体はフリースクールとの連携と制度の強化を図っています。

もとより学校教育法施行規則（第56条）は，「学校生活への適応が困難であ

20：文部科学省（2023）「令和4年度 児童生徒の問題行動・不登校等生徒指導上の諸課題に関する調査結果」より。
21：ドイツのルドルフ・シュタイナー（1861-1925）の教育理念にもとづく学校で，一条校に学校法人シュタイナー学園（神奈川県相模原市）等もあります。
22：文部科学省初等中等教育局（2015）「小・中学校に通っていない義務教育段階の子どもが通う民間団体・施設に関する調査の結果」より。

るため相当の期間小学校を欠席し引き続き欠席すると認められる児童」の実態に配慮した，学習指導要領によらない「特別の教育課程の編成」を可能としており（中学校生徒も同じ），この仕組みを生かした特例校が増えました。これらは 2023（令和 5 ）年より「学びの多様化学校」と呼称されるようになり，2024（令和 6 ）年現在は 35 校（公立 21 校，私立 14 校）が指定されています。

（2）山村留学・通学合宿等

　自然に恵まれた山村や漁村，離島等に児童生徒が滞在し，現地の学校に通学する制度は山村（漁村）留学等と呼ばれます。主に都市部の子どもが体力増進や自然体験などを目的に転校し，寮や里親家庭などのもとで通学します。アレルギー症状やゲーム依存の改善，不登校，成績不振に悩み少人数の学校教育や家庭的な環境を希望するなど，留学の理由はさまざまです。過疎に悩む自治体にとっては，学校の存続と地域振興を図る施策でもあります。転入生の生活費の一部負担など，多くの自治体が児童生徒や家族を積極的に支援しています。

　山村留学は 1970 年代に長野県八坂村（現在の大町市）等で始まり，多くは民間団体への委託により行われますが[23]，教育委員会や PTA，学校法人等が直接運営する事業も増えています。徳島県美波町の伊座利地区では，1999（平成 11）年より保護者の転入を条件とした漁村留学を始めました[24]。漁業協同組合等の協力を得て協議会が組織され，地域全体で親子の生活環境を支えます。また 2016 年度より徳島県は，東京都内の児童生徒が県内で短期滞在を複数行う「デュアルスクール」事業を始めました。いずれも二重学籍の措置等による転校手続きの簡略化や，学級担任以外の教職員の配置等が課題です。

　通学合宿は，青少年教育施設や公民館等の施設に児童生徒が一定期間宿泊し，通常の学校等に通う，市町村の社会教育事業です［→第 17 章 3］。PTA や自治会，学生ボランティア等が協力し，子どもの体験活動や地域・家庭の教育力の充実を目的とする活動で，2000（平成 12）年度の国の「余裕教室を活用した地

23：NPO 法人全国山村留学協会（東京都武蔵野市）は国の委託事業「体験活動推進プロジェクト」の一環で山村留学ガイドライン（2017 年）を策定しました。

24：金子郁容（2008）『日本で「一番いい」学校：地域連携のイノベーション』岩波書店で紹介されます。

域ふれあい交流事業」により活動が本格化しました。近年は，学校での「いじめ」や不登校等の問題行動の対策を目的とした活動も増えています。

（3）中学校夜間学級（夜間中学）

　一般に夜間中学と呼ばれる公立中学校の夜間学級（二部授業）は，未修学者の義務就学の機会を保障しています。義務教育の制度はあっても学校に通えなかった子どもは一定数存在しており，戦前より教員や地域住民が夜学校，夜間小学校等を運営してきました。いわば義務教育を陰で支えてきた学校と言えますが，2016年に「義務教育の段階における普通教育に相当する教育の機会の確保等に関する法律（教育機会確保法）」の制定を背景に，2023年の国の教育振興基本計画では夜間中学が各都道府県・指定都市に1校以上を設置される指針が示されました。

　歴史をさかのぼると，夜間中学が普及したのは終戦直後です。1947（昭和22）年に義務教育の年限が延長され，当初は1年生のみを対象に新制中学校が発足しましたが，戦後の混乱期の中で仕事や家事手伝い，また経済的困窮等で通えない学齢生徒は少なくなく，中国残留邦人等の外国滞在者もいました。そのため公立中学校の夜間の二部授業として勤労青年を主な対象に始められ，1950年代半ばは全国の約80校に5千人ほどが在籍しました。

　高度経済成長期を経て高等学校進学者が増える中で勤労青年と中学校の未就学者は減少し，夜間中学も減りましたが，近年は学籍上の中卒者である成人[25]や長期欠席者の「学び直し」の機会として，また外国人等で日本語教育を必要とする者の教育機会として，夜間中学の設置が喫緊の政策課題となりました。2024年現在は31の都道府県・指定都市に53校が設置され，さらに増える計画です。2017（平成29）年に発行された「夜間中学校の設置・充実に向けて（手引）」は，2023年に第3次改訂版が出されました。

　公立校の夜間学級は原則的に週5日の3年課程で，午後5時から9時頃まで学び，給食や遠足等の学校行事もあります。生徒は本来の通学指定校に限らず

25：文部科学省初等中等教育局（2015）「義務教育修了者が中学校夜間学級への再入学を希望した場合の対応に関する考え方について（通知）」を参照。

入学を希望できますが遠距離通学にならないよう，学級数の増加が待たれます。また，私立校が少なくないことから，学費面での配慮も必要です。

（4）少年院における矯正教育

　義務教育段階の「学び直し」とともに，基礎学力や学歴の不足によって生じる社会的不利益が無いよう，普通教育の学習内容と学籍を保障する仕組みは，教育行政の管轄以外の領域でも必要です。

　犯罪や非行を犯した人を収容する矯正施設のうち，おおむね12歳から20歳までの少年の健全な育成を図る目的で矯正教育や社会復帰支援等を行う法務省所管の施設が少年院です[26]。矯正教育は生活指導を核として，教科や体育，特別活動の指導の他，職業指導で構成されます。

　松本少年刑務所（長野県松本市）には，1955(昭和30)年に市立中学校の分校が設置されました。義務教育の未修了者や十分な教育を受けられず，学習意欲のある受刑者が対象で，高齢の学習者もいます。久里浜少年院（神奈川県横須賀市）では外国籍をもつ収容者を主な対象に，日本語教育の他にも出院後の居場所の確保やカウンセリング等も行う国際科を開設しています。

　2022年の民法改正で「成人」の年齢が18歳に引き下げられることから，少年院に入所する18，19歳に対する職業指導が再編され，従来多かった土木・建築や溶接等の分野に加えてICT技術科が新設されました。最も古い少年院は1923(大正12)年設立の多摩少年院で100年以上の歴史があり，社会制度や求められる学習内容の変化をふまえた改善が進んでいます。

26：この他，家庭裁判所の求めにより観護の措置が執られた少年を収容する少年鑑別所があります。希望者には教科等の学習支援が行われます。

第5章

後期中等教育と高等教育

東京女子医学専門学校の授業風景
画像提供：東京女子医科大学

　現在の東京女子医科大学（東京都新宿区）の前身は1900(明治33)年創設の東京女医学校です。医師を養成しますが、男子の高等教育機関とは異なる扱いでした。ほぼ同時期に女子美術学校（現在の女子美術大学）や日本女子大学校（現在の日本女子大学）等も創設されますが、女子を対象とした正規の「大学」が成立するのは戦後です。

　明治期は国民皆学となりましたが、義務教育は男女とも初等教育のみで、当時の「中学校」は男子校でした。1899(明治32)年に高等女学校令が出されて女子の中等教育機関となる高等女学校が制度化されましたが、その教育課程は中学校と同じではありませんでした。いわゆる女学校は中等教育と、その先の高等教育を女性に開くための砦のような役割を果たしました。

1．高等学校：高度な普通教育と専門教育

（1）高等学校の多様性

　今日では前期中等教育の修了者の約99％が高等学校等，つまり後期中等教育機関に進学するため，実質的に義務教育が延長された状態です。しかし高等学校の実態は多様であり，その特質の第一に，高等学校の制度そのものの多様性が挙げられます。学校教育法（第53-57条）をまとめると次のとおりです。

> ○全日制の3年課程の他，定時制及び通信制の3年以上の課程がある。
> ○定時制の課程のみ，また通信制の課程のみの高等学校もある。
> ○定時制又は通信制の課程は，技能教育のための施設における学習を教科の一部の履修とみなすことができる。
> ○中学校や準ずる学校等を卒業した者，また同等以上の学力があると認められた者が入学できる（義務教育段階のように年齢は問われない）。

　また学校教育法（第58条）にもとづき，次の専攻科等が置かれます。

> ○専攻科……高等学校卒業者等に「精深な程度において，特別の事項を教授し，その研究を指導することを目的」に置かれ，修業年限は1年以上
> ○別科……中学校卒業者等に「簡易な程度において，特別の技能教育を施すことを目的」に置かれ，修業年限は1年以上

　専攻科は一般に1（2）で述べる専門学科に接続しているため後述します。別科の例には神奈川県の横浜市立横浜商業高等学校別科（Y校別科）があります。戦前の横浜市立の青年学校に1941(昭和16)年に置かれた男子理容科を前身とし，全日制2年課程で理容科と美容科が設置されています。

（2）高等学校の学科・教育課程の多様性

　高等学校の特質の第二に，学科とその教育課程の多様性が挙げられます。学校教育法（第50条）で高等学校の目的は「高度な普通教育及び専門教育」と規

定され，高等学校設置基準（第5条及び第6条）により，高等学校には①普通教育を主とする「普通科」，②専門教育を主とする学科，③普通教育及び専門教育を総合的に施す「総合学科」の3種類に分けられます。特に②は，高等学校設置基準（第6条）にもとづき，次の二種に大別される学科に分けられます。

a．職業学科（専門高等学校）と専攻科

　農業，工業，商業，水産，家庭，看護，情報，福祉（計8種）の職業学科を置く高等学校は専門高等学校と呼ばれます。2023（令和5）年現在で1,459校あり，高等学校生徒数の約17％に当たる約50万人が通います。

　明治期に国や地域の実業教育を担った学校が1899（明治32）年の実業学校令で工業，農業，商業，商船の各学校と実業補習学校に組織化され，今日の専門高等学校の前身となりました。中でも1883（明治16）年の農学校通則で早期に制度化された農業学校は，自作農や地主の家の優秀な男子が通いました[1]。戦後は共学化し，例えば東京都立園芸高等学校（東京都世田谷区）が2006（平成18）年に設置した動物科は多くの女子が通います。私立の伝統校も多く，鉄道業務の専門教育を行う運輸科をもつ岩倉高等学校（東京都台東区）等があります。

　高等学校の専攻科は高等学校の通常の課程（本科）の卒業後に資格取得等のために2年間程度学ぶための課程で，これらの多くは職業学科に付設されます。例えば看護学科の専攻科は看護師の，水産科（海洋科等）では3級海技士（航海等）の国家試験の受験資格を得られます。2015（平成27）年の学校教育法改正で，修業年限2年以上の専攻科の卒業生は大学編入学が可能となりました。

b．その他の専門学科

　理数，体育，音楽，美術，外国語，国際関係等が挙げられます。これらの専門学科は普通教育を拡充させた専門教育を行います。分野は多彩で，映像芸術や舞台芸術の学科を置く埼玉県立芸術総合高等学校（埼玉県所沢市），伝統芸能を学ぶ芸能文化科を置く大阪府立東住吉高等学校（大阪府大阪市），僧侶を養成する宗教科を置く私立の高野山高等学校（和歌山伊都郡）等が挙げられます。

1：農業教育の歴史は次の文献を参照。大河内信夫編著（2014）『学校における農業教育の諸相』東京図書出版

1980年代後半より国際関係の学科が増加し，語学教育や国際理解教育に加え，中国語実務を学ぶ国際経済科，観光産業の担い手を育成する国際観光科など，いずれも地域や時代のニーズに合わせた目的と教育課程が特徴的です。

（3）総合学科の誕生

総合学科は，高等学校教育の個性化や多様化の推進を目的に，普通教育と専門教育の両方を選択できる学科として1993（平成5）年に制度化されました。2023年度は378校におかれ，高校生全体の約5％にあたる約15万7千人が在籍します。次の二つが教育の特色とされます[2]。

①将来の職業選択を視野に入れ，進路への自覚を深めさせる学習を重視する。
②生徒の個性を生かした主体的な学習をとおして，学ぶことの楽しさや成就感を体験させる学習を行う。

①は，動機づけとなる科目の開設，また科目選択や進路指導などのガイダンス機能の充実をともないます。進路への自覚を深め，職業生活の基礎となる知識・技術などを修得させるため，入学年次に履修する「産業社会と人間」と，情報に関する基礎的科目，卒業年次の「課題研究」の開設が原則とされます。

②は，幅広い選択科目の開設，生徒の主体的な選択および実践的・体験的な学習の重視，多様な能力・適性などに対応した柔軟な教育を特色とします。

総合学科の多くはスポーツやボランティア活動等を重視した推薦入学を実施し，課外活動や地域貢献等に積極的な生徒が集まる傾向があります。

（4）高等学校教育における「単位」の活用

高等学校教育への多様なニーズに応えて単位制の高等学校も創設されました。学年による教育課程の区分が無く，学習計画に合わせて規定の単位を修得すれば卒業や資格取得が認められます。1988（昭和63）年より定時制，通信制の課程に導入され，1993年より全日制でも設置可能となりました。

また選択学習の機会の拡大のため，1993年より専修学校高等課程での学修が

2：文部省初等中等教育局長（1993）「総合学科について（通知）」より編集。

高等学校の単位として認められました。学校教育法施行令（第32-38条）で技能教育施設の規定があり，修業年限が1年以上で年間の指導時間数が680時間以上あり，技能教育の担当者の半数以上が高等学校教諭の免許状をもつ等の基準以上の専修学校等が指定されています（技能連携制度）。1998(平成10)年には，大学，高専での学修とともにボランティア活動や就業体験，スポーツや文化に関する活動等も36単位を上限に単位認定が可能となりました。

（5）特別支援学校の高等部

　特別支援学校の高等部は，普通教育を主とする普通科と，専門教育を主とする学科があります[3]。一般の高等学校には特別支援学級が無いため，特別支援学校の高等部には，中学部からの進学者に加え，中学の特別支援学級の卒業生，また軽度の障害や発達障害のある生徒が集中する傾向があります。

　近年は全国で特別支援学校の分校，分教室が増えてきました。2012(平成24)年に知的障害のある生徒が対象の神奈川県立藤沢養護学校高等部の分教室が，同県立の鎌倉高等学校に開設されました。1学年15名程度の少人数指導が行われ，総合学習，学校行事等での鎌倉高等学校との交流教育に特徴があります。

　生徒の自立を促す職業教育も重要です。2009(平成21)年改訂の学習指導要領では，知的障害者を対象とする高等部に専門教科「福祉」が新設されました。福祉器具の操作や介護，援助の知識・技術などを学ぶ科目です。

　都市部を中心に，知的障害も程度が軽度の生徒が企業就労を目指す，高等部単独の特別支援学校も増えました。高等特別支援学校と呼ばれるこれらの学校は，実践的な職業教育が人気を集め，入学時の選抜検査もあります。

　自立のための生活指導，進路指導を行い，生涯学習の場となる私立の伝統校も少なくありません。知的障害児教育の草分け的存在で，1891(明治24)年に設立された滝乃川学園（東京都国立市）は，1970(昭和45)年に成人部を開設し，1987(昭和62)年より東京都より委託された生活寮（グループホーム）を始め，その後も居宅支援事業や通所部の開設など，福祉行政と連携した生涯にわたる生活の支援の比重が増しています。

3：特別支援学校の高等部の学科を定める省令（前身は1966年公布，施行）より。

2．後期中等教育のこれからを考える

（1）後期中等教育の現状：高等学校を中心に

　2023（令和5）年の中学校卒業者のうち就職した者は全体の0.2％のみで，通信制課程を含めた高等学校等進学者は98.7％に上ります。終戦後の教育改革の悲願とされた中等教育の義務教育化，つまり6・3・3制の課程の保障は，高等学校就学率が95％程度となった1980年代に実質的に達成されたと言えます。一方で，グローバル化や情報化が進む社会の中で高等学校を卒業した生徒が「成人」として生きていくために，高等学校のあり方は改めて問われています。

　2023年現在，高等学校に在籍する生徒の74％にあたる215万人の生徒は普通科に在籍しています。

　高等学校の進学率は1960（昭和35）年は57.7％で，1970（昭和45）年には82.1％に上り，そのうち普通科の生徒は6割で，4割の生徒は専門高等学校（職業学科）に通っていました[4]。高度経済成長期の当時は職業教育が促進された一方で，普通教育を保障する観点から進学希望者全員を受け入れる高等学校全入を目指して，普通科を強化する機運があり，今日までに普通科は学校数，生徒数ともに全体の7割を占めるようになりました。しかし受験競争が激化したり，高等学校に魅力を見いだせない生徒も増え，2022（令和4）年現在では入学者全体の約2％が不登校（長期欠席者）となり，中途退学者が約1.4％に上っています[5]。

　2023年の高卒の就職者は全体の約14.2％で，61％が大学・短大に，16％が専門学校に進学しました。多くの生徒にとり，普通科を中心とした高等学校は，高等教育の準備段階と言えるかもしれません。もっとも同じ普通科でも，教育内容や学習環境は多彩です。また，高等学校教育の質と魅力を高めるため，国や都道府県・政令市，また学校で，さまざまな制度改革が行われています。

4：文部科学省（2023）「令和5年度 学校基本統計（学校基本調査報告書）」より。
5：文部科学省（2022）「令和4年度 児童生徒の問題行動・不登校等生徒指導上の諸課題に関する調査結果」より。

1 (3) (4) で見たように総合学科や単位制高等学校の他、学科やカリキュラムの見直しが全国で取り組まれています。

2020 (令和2) 年より数年間は新型コロナウイルス感染対策のためオンライン授業が普及し、通信制高等学校の教育内容・方法が改めて注目されました。平成期より高等学校の学校数は減少傾向にありますが、通信教育のみ行う高等学校の数は増え、2023年は131校で、そのうち私立は125校を占めます。多様なメディアを活用して生徒の自学自習を支える通信制は、これからの高等学校教育の方向性を考える上で一つのヒントとなるでしょう。

(2) 後期中等教育を支える制度改革の動向と課題

2 (2) で見たとおり、現在の高等学校はほぼすべての国民が進学する教育機関となり、高度な普通教育を保障する一方で、これからの時代を生きる生徒の多様な学びのニーズに応えられることが課題となっています。

2021 (令和3) 年の中央教育審議会による答申「『令和の日本型学校教育』の構築を目指して」や有識者の審議等をふまえて、文部科学省は学校教育法施行規則等を一部改正し、次の制度改革を進めました。

第一に、高等学校の特色化・魅力化の実現を目指して普通科の改革を打ち出し、学際領域に関する学科や地域社会に関する学科等を設置可能としました。

第二に、通信制の課程の質保証に向けて、教育課程の編成・実施の適正化と、サテライト施設の教育水準の確保が図られました。例えば指導体制では、生徒数80人あたり教諭等が1人以上必要といった規定が強化されました。

第三に、生徒の多様な学習ニーズに応えるために、学校間の連携制度の拡充や単位制課程の教育課程の積極的な公表、少年院の矯正教育 [→第4章3 (4)] の単位認定等の制度改革が行われました。

以上の今日的な課題をふまえた改革の他にも制度の見直しが進んでいます。

高等学校進学希望者の学びの保障のため、経済面の支援は不可欠です。都道府県の奨学金の貸付[6]がありますが、そもそも高等学校は就学援助 [→第3章

6：日本学生支援機構等の国の機関が行う高校生対象の奨学金事業は、2005年度より都道府県の教育委員会等に移管されました。

2 (3)] の対象外で，国公立校でも入学金や授業料あり，高等学校数の3割弱は私立校です。2010(平成22)年に授業料の無償化[7]が実現され，2014(平成26)年より，世帯年収910万円未満に限り段階的に就学支援金が支給されるようになりました。東京都が2024(令和6)年度より所得制限を撤廃する等，国や都道府県による実質的な授業料無償化に向けた取り組みが期待されます。

　主に高等学校に進学しなかった者の学力を証明する高等学校卒業程度認定試験も，時代のニーズに合わせて改革されています。制度の前身となる大学入学資格検定(大検)は主に勤労青年を想定して1951(昭和26)年に始められましたが，現在の認定試験は全日制高等学校の在籍者も受験でき，2005(平成17)年度より合格科目は校長の裁量で高等学校の単位として認定されるようになりました。2007(平成19)年度は法務省との連携により，矯正施設の在籍者も受験可能となりました。合格者は幼稚園や小学校の教員資格認定試験も受験できます。2023年度は，年2回の試験に合わせて2万人弱が出願しています。

　職業教育や専門高等学校の充実も課題です。OECD（経済協力開発機構）の報告によると，後期中等教育段階の職業課程に進学する若者（15-19歳）の割合が，OECD諸国平均の23％に対し，日本ではわずか12％です[8]。普通科の改革と合わせて，職業教育のこれからについても検討が進められています。

3．高等教育機関と類似施設

(1) 大学・短期大学

　学校基本調査によると，2023(令和5)年現在の大学・短期大学等への進学率は約60.9％に上ります。国際的にも高等教育機関（学士課程）の進学率は上昇しており，OECD加盟国の平均は76％に達しました[9]。日本では専門学校（専修学校の専門課程）進学者が16.1％であり，単純な国際比較はできませんが，

7：公立高等学校の授業料無償制および国立，私立校が対象の高等学校等就学支援金。
8：OECD（2023）「日本 カントリー・ノート」"Education at a Glance 2023: OECD Indicators", OECD Publishing, Paris. より。
9：同上

OECDが指摘するとおり，学士課程の充実と，高等教育段階の学生の個人負担する教育費が大きいことが課題と入れるでしょう。

戦前は，欧米をモデルに設立された帝国大学（現在の東京大学等）や東京商科大学（現・一橋大学）等の官立校が，狭義の「大学」でした。他にも最高学府とされる高等教育機関が充実し，中等教育機関の教諭を養成する高等師範学校[10]や旧制の専門学校[11]，高等女学校[12]等の公私立校があり，これらの多くは戦後に学校教育法にもとづく4年制の新制大学となり，主に女子の高等教育と実践的な専門教育を行う2年制の短期大学も設置されました。

2023年現在の大学は810校で，そのうち私大は622校です。短期大学は303校で，私立校は288校で短大数の95％を占めています。短大の数は，1990（平成2）年頃までは4年制大学の数を上回っていましたが，4年制大学への改組や閉学する短大が増え，共学化や専門教育の特化等の改革が見られます。

放送大学も正規の大学です。イギリスのオープン・ユニバーシティ等をモデルに1983（昭和58）年に設置され，現在は約8万人の学生が学んでいます。文部科学省と総務省が主管する通信制大学で大学院課程もあり，インターネットやBSテレビ，ラジオによる遠隔学習と，各都道府県の学習センターでの面接授業があります。教養学部教養学科に6コースが置かれ，看護師や心理学に関する資格や，現職教員の場合は特別支援学校教諭免許等の取得が可能です。

（2）高等専門学校

高等専門学校（高専）は大学と同様に「深く学芸を教授」し，さらに「職業に必要な能力」の育成を目的とします。5年制の工業等に関する学科を置き[13]，入学資格は「中卒」ですが高等教育機関に位置づけられます。在学生は「生徒」

10：男子校は東京高等師範学校（現・筑波大学）等の4校，女子校は東京女子高等師範学校（現・お茶の水女子大学）等の3校で，他に私立校があります。

11：1903（明治36）年に制度化され，現在の早慶，MARCH等と言われる私立大学や，本章の冒頭に挙げた東京女子医科大学等も戦前は「専門学校」でした。

12：旧制の中学校（男子校）に準じた中等教育機関で，女学校と呼ばれました。修業年限は一般に4年で，卒業生対象の専攻科や補習科もありました。

13：主に海員学校を前身とし，海事技術者（海技士）を養成する高専（商船学科）は5年半の在学期間が必要です。

でなく学生と呼ばれ、教員の職位も大学と同じ教授、准教授等です。

1950年代半ばに高等学校進学率が男女とも5割を超えましたが、大学・短大への進学率は1960(昭和35)年当時で男子は2割、女子は1割5分程度でした。大学進学が一般的でない時代に優秀な専門職を育てる高専は1961(昭和36)年に制度化され、翌年度の12校創設を皮切りに、多くの都道府県に国立校が開設されました。学生寮が完備され、学費も廉価であり、経済的事由で大学進学が適わない優秀な青年に高等教育の機会を保障するとともに、製造業等の地域産業・経済を振興させる社会的意義もありました。

2024(令和6)年現在は58校(国立51校、公立3校、私立4校)があり、約6万人の学生が在籍しています。機械工学や物質工学等の分野で大学や企業と共同研究・開発を行う他、「ロボコン」[14]での活躍も注目されます。国立高等専門学校機構は女子学生の入学を奨励しており、現在は2割を超えています。

高専の卒業生の6割弱は専門的・技術的な職に就きます。大学(主に3年次)への編入学や、高専の専攻科への進学も増えています。専攻科の修了者は学士の学位を取得でき、専攻科修了者の約4割は大学院に進学します。

高専の学科には機械工学や物質工学等の他、情報工学や生物応用化学等の新しい分野が増え、国内外の最先端の知識・技術を生かしながら、地場産業との連携による高度な技術者養成が進められています。自治体と民間企業と連携して最先端のテクノロジーやデザインの教育を行う私立の神山まるごと高等専門学校(徳島県名西郡神山町)が2023年に新設され、15歳から専門的・実践的な技術者教育を行う高専の可能性が改めて注目されました。

(3) 専修学校・専門学校

「各種学校」の始まりは、1879(明治12)年に出された教育令に遡ります。小学校等の年齢や教育内容が厳格に定められた学校以外の「その他各種の学校」を指し、制度設置当初は主に男子を対象とした外国語や漢学の学校が中等・高等教育の学校制度が組織化されていく中で、主に女子の和洋裁に見られる、職

14：NHK主催のロボットコンテストは1988(昭和63)年に高専大会が始まられました。他に「プロコン」(PCプログラム・コンテスト)等があります。

業教育や生活に関する教育を行う「各種学校」の制度が生まれましたが，1976（昭和51）年に，組織やカリキュラム等が一定の基準を満たす教育施設が「専修学校」となりました。現在は次のように規定されます。

> **学校教育法（第124条）** 第1条に掲げるもの以外の教育施設で，職業若しくは実際生活に必要な能力を育成し，又は教養の向上を図ることを目的として次の各号に該当する組織的な教育を行うものは，専修学校とする。
> 1 修業年限が1年以上であること。
> 2 授業時数が文部科学大臣の定める授業時数以上であること。
> 3 教育を受ける者が常時40人以上であること。

つまり各種学校のうち，組織やカリキュラム等が一定の基準を満たすものが専修学校です。専修学校は，さらに次の3種類に分けられます。

> ①高等課程（高等専修学校）……入学資格は中卒程度
> ②専門課程（専門学校）　　　……入学資格は高卒程度
> ③一般課程　　　　　　　　　……入学資格・年齢に規定無し

特に②は「専門学校」と呼ばれ，学校段階では高等教育機関にあたる施設で，2023年度現在は高等学校卒業者の約16％が進学します。

後期中等教育や高等教育に準じた教育を行う各種学校の歴史は，戦前にさかのぼります。1879年の教育令は小学校，中学校等の学校と，「その他各種の学校」を分け，和洋裁や簿記，英会話等の実学を教授する教育施設を各種学校として位置づけました。幼稚園教員や栄養士等を養成する伝統校には，1888（明治21）年創設の東京府教育会附属保姆講習所を前身とする竹早教員保育士養成所（東京都文京区），1924（大正13）年創設の栄養学校を前身とする佐伯栄養専門学校（東京都大田区）等があります。高度経済成長期の1970（昭和45）年には約8千の各種学校に約81万人が入学していましたが，各種学校の中から専修学校の制度が独立していきました。

現在の専門学校は高度なカリキュラムが目立ち，例えば1923（大正12）年に各種学校として認可された裁縫女学院を前身とする文化服装学院（東京都渋谷区）は，海外留学を斡旋する国際交流センター，工場で使用される設備を完備

した実習室，リソースセンター等が先端の教育を支えます。パティシエやトリマー等の人気の高い民間資格の課程が多く，実践的な専門教育を求めて大卒の進学者も増えています。例えば東京眼鏡専門学校（東京都新宿区）は大卒者対象の課程もあり，医療知識やフレームの製造技術等を学びます。日本ヒューマンセレモニー専門学校（神奈川県平塚市）はご遺体を保全・修復するエンバーミングや斎場実習により葬儀実務を学ぶ課程があります。

2019（平成31）年度より実践的な職業教育を行う高等教育機関として「専門職大学」が制度化され，その多くは専門学校を母体としています。2024年現在で20校（公立3校，私立17校）が設置されています。

（4）行政機関の所管する施設

一部の省庁は，幹部職員の養成・研修と関連分野の調査研究等を行う，高等教育に類する教育施設を設置しています。一条校と異なるため，「大学校」等の名称で呼ばれます。大学設置基準に準拠した教育課程をもつ施設では，国の機関の審査を受けて卒業生に大学と同じ「学士」が授与されます。

農林水産省を主務省とする水産大学校（山口県下関市）は，水産流通経営や海洋機械工学等の5学科と，専攻科，大学院課程で構成され，水産業を担う人材を養成しています。卒業生は司法試験の一次試験が免除され，一定の専門分野の経験を積むと「海洋機械」等の教員免許状（特別）を取得できます。

防衛省が設置する防衛大学校（神奈川県横須賀市）は，幹部自衛官を養成します。学生は特別職国家公務員の待遇で，食費が無償の学生舎で団体生活を行い，被服等が貸与され，学生手当[15]が支給されます。医師や看護師等を養成する防衛医科大学（埼玉県所沢市）も同様で，いずれも卒業後は幹部候補生として実務や研修を重ね，一部は大学院に相当する研究科に進学します。ただし，所定の勤務年限未満で離職する場合，卒業までの諸経費を償還します。

気象大学校（千葉県柏市）は，国土交通省の機関です。専門科目には地震火山学や地球環境科学等があり，観測用の露場，気象業務用レーダー等の実験・実習施設が充実しています。学生は学内の寄宿舎に居住し，少人数教育により

15：2023年現在の手当は月131,300円，期末手当は年428,105円。

卒業研究をまとめ，卒業後は気象庁や全国の地方気象台に配属されます。

　厚生労働省に関わる職業能力開発総合大学校（東京都小平市）は，職業訓練指導員の養成・研修を行います。2012(平成24)年新設の総合課程には機械，電子情報などの4専攻があり，卒業生に学位（生産技術）が授与されます。

第 6 章

幼稚園と幼児教育の制度

「幼稚鳩巣戯劇之図」（大阪市立愛珠幼稚園所蔵）
画像提供：お茶の水女子大学デジタルアーカイブズ

　　日本で初めて公的な幼稚園として設置されたのは，現在のお茶の水女子大学の前身にあたる東京女子師範学校（1908年に東京高等女子師範学校に改称）の附属の幼稚園です。開園当初よりドイツの幼児教育者が考案した教材（恩物）が積極的に取り入れられる等，教育内容・方法の研究活動や先導的な保育者の養成が行われ，幼稚園の制度確立と全国への普及が進められました。
　　図は，1876（明治9）年頃の教育活動の風景が描かれています。華やかな和装や洋装の園児が歌って遊ぶ姿と，松野クララや豊田芙雄等の保姆が描かれています。当時は富裕な家庭の子女が多く，馬車で登園したり，子どもの服が汚れて保護者が不服を述べたりするエピソードが残されています。

1. 幼稚園のすがた

(1) 幼稚園の成り立ち

　世界初の幼稚園は，ドイツの教育者のF. フレーベル（1782-1852）が1840年に創設した「一般ドイツ幼稚園」[1]とされます。当時は貧困層の子どもに一斉指導を行う幼児学校が多く，スイスで孤児院を運営したJ. ペスタロッチ（1746-1827）に学んだフレーベルは幼児教育の「遊び」の重要性を説き，恩物[2]と呼ばれる教材を開発しました。また，家庭的な教育を目指し保育者の養成を行いました。19世紀後半は幼児教育と女性保育者の養成への理解が進み，幼稚園は欧米に加え明治期の日本にも普及します。

　日本の教育制度上で初めての幼児教育施設は1872（明治5）年の学制で示された「幼稚小学」ですが，当時は小学校の設立が優先され，普及しませんでした。初めて定着した幼稚園は1876年開設の東京女子師範学校（現在のお茶の水女子大学）附属幼稚園です。恩物等を用いた教育課程や教員の配置等がそのまま「幼稚園」のモデルとなりました。1880（明治13）年の幼稚園は5園でしたが，明治末期に官公立園はほぼ上限の220園程度に達し，その頃に300園あった私立園は急増して1916（大正5）年には420園となりました。幼稚園の普及を背景に1899（明治32）年に幼稚園保育及設備規程[3]が，そして1926（大正15）年に幼稚園令が公布され，幼稚園の制度が確立されました。

　幼稚園の教員は，1891（明治24）年公布の文部省令で「小学校教員の資格をもつ女性」である「保姆」と定められました。幼稚園の急増により師範学校での保姆養成では間に合わず，府県は保姆伝習所の卒業生や公立園の見習（実習）

1：“Kindergarten（子どもの庭）"という名称どおり，庭仕事も重視されました。
2：F. フレーベルが考案した神様からの「賜り物」という意味の教育遊具で，積み木の原点と言われます。日本ではフレーベル館（現在は東京都文京区）が1910（明治43）年の日英博覧会に恩物を出品し，教材の開発・普及を進展させます。
3：満3歳から就学前までの幼児を対象とし，建物は平屋造りで保育室，遊戯室等を備え，保育項目は遊戯・唱歌・談話・手技とする等が定められました。

修了者を保姆として認めました。1926年の幼稚園令で保姆免許状が必須となり，保姆検定の合格者に免許状が与えられました。

（2）幼稚園制度の現在

終戦後，1947（昭和22）年に教育基本法と同時に制定された学校教育法で，幼稚園は「学校」として位置づけられました。戦前から形づくられた義務教育諸学校とは異なる制度も受け継ぎつつ，2015（平成27）年の子ども・子育て支援制度の導入を契機に，さらに変化を続けています。以下，幼稚園の制度をめぐる特色や課題をまとめてみます。

a．私立幼稚園の多さと多様性

明治期より私立園が多かった経緯から［→第6章1］，現在の私立学校は学校法人による設置を原則としつつ，私立幼稚園は特例として宗教法人や個人等による設置が可能です[4]。また，幼稚園教育要領は教科や授業時数等の詳細な基準のある小・中学校と比べると柔軟な内容であり，モンテッソーリ教育[5]等の教育体系や，国際バカロレア（IB）の認定プログラム[6]に準拠する私立園の他，国公立園においても個性が豊かな教育内容・方法が見られます。

幼稚園として認可されない（一条校ではない）幼児教育施設も散見されます。例えば，自主保育や共同保育を掲げる施設や音楽教育や英語教育等の独自の専門教育を行う施設，自然環境を生かす「もりのようちえん」[7]等があり，市町村や都道府県が独自に認定する仕組みもあります。

b．法制度上の幼稚園：保育行政との二元化

1947年は児童福祉法も制定され，戦前からの託児所が「保育所」と位置づけられ，幼稚園＝教育，保育所＝保育として機能が大別されました。学校教育法

4：学校教育法（附則第6条）で「私立の幼稚園は（中略）当分の間，学校法人によって設置されることを要しない」とされています。
5：北米モンテッソーリ教師協会（NAMTA）や国際モンテッソーリ協会（AMI）等の独自の教員養成・資格付与を行う組織もあります。
6：玉川学園（東京都町田市）では国際標準のIBに準拠したプログラムを導入し，2016（平成28）年度より幼稚部でプログラムに接続する英語教育が強化されました。
7：北欧発祥の保育運動で，長野県の信州型自然保育検討事業（2014年-），鳥取県の「とっとり森・里山自然保育認証制度」（2015年-）が注目されます。

では，幼稚園の目的が次のように定義されています。

> **学校教育法（第22条）** 幼稚園は，義務教育及びその後の教育の基礎を培うものとして，幼児を保育し，幼児の健やかな成長のために適当な環境を与えて，その心身の発達を助長することを目的とする。

このように幼稚園は義務教育以降の「教育の基礎を培う」目的があり，同法第26条では入園資格を満3歳から小学校就学の開始時までと定めています。

c．幼稚園と認定こども園の数

2023（令和5）年現在の幼稚園の数は8,837園で，そのうち国立が49園，公立が2,744園，私立が6,044園で，私立園が7割近くを占めています。幼稚園は1950（昭和25）年度は約2千園だったのが行動経済成長期とベビーブームを経て1990（平成2）年度に1万5千園を超えるまで急増しましたが，少子化に加え，認定こども園の制度が2006（平成18）年から始まり，さらに子ども・子育て支援制度［→第14章1］により認定こども園制度が再編されたことを背景に，幼稚園の数は減少しています。

内閣府によると2022（令和4）年現在の幼保連携型認定こども園は6,475校（公立は912園，私立は5,563園），幼稚園型認定こども園は1,307園（公立は97園，私立は1,210園）あります。これらは保育所の機能をもち，3歳未満の子どもも対象とする施設のため単純な数の比較はできませんが，幼稚園数の減少に対して認定こども園が急増しており，実際に認定こども園に移行した幼稚園は全国で増えています。

d．私立園の団体と幼稚園行政

私立園が多い現状で幼稚園団体の役割は重要です。1984（昭和59）年創設の全日本私立幼稚園連合会は，各都道府県で組織された47団体を通して8千近くの私立園が加盟し，11の地区会が構成されています。これらの組織は教員の研修や登録等を行っており，教育委員会に類した役割を果たしています。全日本私立幼稚園連合会の関連組織には全日本私立幼稚園PTA連合会や，2006年設立の全日本私立幼稚園幼児教育研究機構があります。

私立園の割合が9割に上る神奈川県では，私立学校法公布の前年の1948（昭和23）年創設の神奈川県私立幼稚園連合会が，教育委員会に準じた役割を果た

しています。事務所である「かながわようちえん会館」（神奈川県横浜市）を拠点に，県等と連携して教員研修や法律相談等が行われます。同会は地区別の12協会で構成され，その最大規模となる横浜市私立幼稚園協会も，横浜市と連携して園児募集や教職員採用の窓口となっています。

　自治体や地区を単位とする団体の他に，1929（昭和4）年創設の公益社団法人日本仏教保育協会，1974（昭和49）年創設の一般財団法人日本カトリック学校連合会等の宗教教育を核とした団体があります。

e．幼児教育の行政

　義務教育にあたる小・中学校はほとんどが公立校で，私立学校の設置者は学校法人を原則としますが，幼稚園は私立校が多く，学校法人以外の社会福祉法人や宗教法人等も設置が可能であり，設置状況は地域差も目立ちます。

　幼稚園は学校教育の施設であり，本来の担当部署は教育委員会となりますが，国の調査[8]によると，幼稚園や幼保連携型認定こども園，保育園を有する1,741市町村のうち，主となる担当部署を一元化した自治体は72.9％あり，そのうち71.7％は首長部局が担当部署となっています（教育委員会の所管は28.3％）。このように，もともと公立園が少なかった幼稚園に関する事務を首長部局の児童福祉の部署が担当する市町村が増え，子ども・子育て支援制度の導入［→第14章1］がその傾向に拍車をかけています。

f．保育料の無償化と私立幼稚園の就園奨励事業

　幼児教育は義務教育とは異なり，国公立校であっても授業料は無償ではありません。一般に公立園は毎月数千円から1万円程度の保育料がかかります。そして私立園では，園や法人等により一律ではありませんが，毎月3万円程度の保育料の他，10万円程度の入園料がかかる例が散見されます。

　国は，幼児教育を奨励するために私立園の世帯の負担を軽減する方策として，国が経費の一部を補助して市町村が保育料等を軽減する就園奨励事業を行ってきました。この事業は，第二次ベビーブームが到来した1972（昭和47）年に多くの市町村で開始され，約54％（1970年）だった就園率は10年後に約64％に延びました。この他に住民税非課税世帯等に補助の増額や無償措置があり，交

8：文部科学省初等中等教育局（2024）「令和5年度　幼児教育実態調査」より。

通費を補助する市町村もあります。2013(平成25)年度の国庫補助の拡大により兄姉のいる園児(多子世帯)の増額も行われています。

　2019(令和元)年10月より国は幼児教育・保育の無償化を始め、国公私立の幼稚園、認定こども園に通う園児の利用料が月額25,700円まで無償となりました。その他の通園費や食材料費、行事費等は各世帯で負担しますが[9]、幼児教育の自費負担が大きい日本で、無償化は大きな成果を上げました。

g．地域連携・預かり保育

　今日の幼稚園は、公私立を問わず地域の子育て支援活動を実施しています。例えば、親子交流活動や園庭開放、保育相談等があり、非在園児や未就園児を含む子どもの遊び場や保護者同士の交流等が企図されています。

　教育時間の終了後に希望する在園児を対象に教育活動を行う「預かり保育」は、2023年度は幼稚園全体の91.0％、私立園に至っては97.1％で実施されています[10]。ほぼ毎日実施する園や、近隣で学校行事がある場合のみ開設する園もあって内容・方法に差はありますが、保育の必要が認められた世帯は月額11,300円まで無償となり、地域の保育を下支えしています。

　自治体が組織する教育や子どもに関する審議会や連絡会等には、私立を含めた幼稚園が加わっています。小学校や特別支援学校との連携も必要であり、幼稚園は、地域の教育・保育の核となる施設としての役割が期待されています。

（3）幼稚園の教員制度の動向

　「保育者」と呼ばれる専門職には、幼稚園教諭として教員免許状を取得し、「学校」である幼稚園で働く者と、保育所等の児童福祉施設で保育に従事する保育士がいます。認定こども園制度が普及したことから教育行政の中の幼稚園と福祉行政の中の保育所の一元化・連携が進み、幼稚園教諭と保育士の両方の免許・資格をもつ保育者が増えてきました。

a．幼稚園の教員制度：大学と短大等での教員養成

　1949(昭和24)年制定の教育職員免許法により、幼稚園保姆は「教諭」[11]とな

9：年収360万円未満相当世帯と多子世帯の園児は副食の費用が免除される等、他にも利用者負担を軽減するためのさまざまな制度があります。
10：文部科学省初等中等教育局（2024）「令和5年度 幼児教育実態調査」より。

りました。必ず校種（幼稚園）に相当する教員免許状をもち，大学の教職課程で養成される専門職と位置づけられ，男性にも門戸が開かれました。

1947年制定の児童福祉法で国家資格の「保母」（現在の保育士）も生まれ，教員と保母の分化が図られた一方で，主に4年制大学で教育養成が行われる小・中学校の教員免許状と異なり，幼稚園教諭の免許は4年制大学の他に，短期大学や指定教員養成機関[12]で取得する者が多い特徴がありますが，幼保連携型認定こども園が増え，その職員（保育教諭）となるために，幼稚園教諭の免許と同時に保育士資格も取得する学生が増えています。

b．教員の研修

教育公務員特例法（第21条）のとおり，教員は絶えず研修と修養，つまり研修に努める義務があります［→第9章4］。

公立校教員の法定研修には採用後1年間で行われる初任者研修と中堅教諭等資質向上研修があり，幼稚園の場合は特例として前者に相当する新規採用教員研修と，後者に当たる経験者研修が定められています。いずれも都道府県等の教育委員会が実施し，新規採用教員研修は園外研修（教育センターでの講義・演習，宿泊研修等）と同じく園内研修（指導主事の指導・助言等）で構成されます。また10年経験者研修は，多くの自治体で，各教員の研修計画書にもとづいた研修と評価（成果報告）で構成されます。

自治体により，これらの研修に私立園教員や保育士も参加します。小・中学校教員対象の初任者研修に幼稚園教員や保育士が一部参加する自治体もあり，同じ地域の教育・保育を支える同期としての交流が目指されています。

法定研修の他にも経験5年以上の指導的立場にある中堅教員を対象に行われる保育技術専門講座[13]や，管理職対象の学校経営研修等があります。私立幼稚園の団体も教育委員会の研修を支える他，法定研修に相当する研修やテーマ別

11：1873（明治6）年に小学教員は「訓導」，中学教員は「教諭」とされました。
12：1949年の教育職員免許法により大学以外の教育機関で教員養成を補完するため急設された制度。1980（昭和55）年以来，栄養教諭以外の新たな指定はありませんが，2015年度は28の専修学校（幼稚園教諭2種）が対象で，1888年創設の竹早教員保育士養成所等の伝統校もあります。
13：1989（平成元）年改訂の幼稚園教育要領で「環境」が示され，この理念と保育技術の修得を目的に，1993（平成5）年度より国と都道府県教育委員会が実施しています。

の講座，若手管理職の勉強会，教育史セミナー等を実施しています。

全日本私立幼稚園幼児教育研究機構は2024（令和6）年より，保育者が学ぶ機会を保障するため，多様な内容の研修動画をオンライン（オンデマンド）で受講できるシステム「ゆたかなまナビ」を本格的に始動しました。このシステムを活用して研修を行う自治体や私立園の団体が増えています。

公立園の教員は任命権者の承認を得れば，①勤務（時間内），②職務専念義務の免除，③勤務時間外等の扱いで自主研修を行うことができます。他にも教育公務員特例法は，専修免許状が取得できる大学院や，海外の大学等で学ぶための3年までの修業（休業）を認めています。

自己研鑽を目的とした休職は，無給となる自己啓発休業の他，有給となる場合もあります。有給の例には，独立行政法人国際協力機構（JICA）の青年海外協力隊事業である現職教員特別参加制度があります［→第9章4（5）］。発展途上国に派遣されて幼児教育の振興等に携わった幼稚園教員は700人を超えています。

c．教員の採用と待遇

公立園教員の採用選考は，公立幼稚園を設置する各市町村で実施されます。選考の時期や試験内容は自治体により異なり，筆記試験と実技が一般的です。公立幼稚園は少ないため，やや狭き門となっています。東京都では特別区共同の選考試験が行われます。第1次選考は教職・専門教養（試験）と小論文で，第2次選考は実技（模擬保育と歌唱）と面接が行われます。2024年度は240名が受験し，最終合格者は41名でした。

市町村では認定こども園に移行する幼稚園が増えており，教員免許状だけでなく保育士資格の併有を受験資格とする市町村が多く，入職後に幼稚園と保育所，ときに小学校の人事交流を行う市町村もあります。教育職の公務員としての待遇となり，一般行政職よりやや高めの給与の設定が一般的です。

私立園の教員の採用と待遇は園や設置者により異なり，採用に関しては園や設置者が独自に行う他，各種の幼稚園団体が就職に関する情報を扱う場合があります。全日本私立幼稚園連合会は2024年より求人情報が検索できるサイト「幼稚園・こども園ジョブナビ」を本格的に始動しています。

2．幼稚園の教育課程

（1）幼稚園教育要領の嚆矢

　戦後に「学校」として位置づけられた幼稚園において，現在では幼児教育の教育課程の基準を示す幼稚園教育要領が作成されます。

　終戦直後に当時の文部省が試案として初めて学習指導要領を著した翌年の1948(昭和23)年に『保育要領：幼児教育の手引』が刊行されました。幼稚園は1947(昭和22)年の学校教育法で「学校」とされましたが，当時の就園率は1割に満たず，同年の児童福祉法で保育所も制度化されたばかりで，戦後の貧しい環境の中で，保育要領は，幼稚園教育要領の嚆矢としてだけでなく，保育所や家庭（母親）も対象とする良質な育児の手引書となりました。

（2）幼稚園教育要領の変遷

　1948年保育要領を，幼稚園の教育課程の基準として全面改訂したものが，1956(昭和31)年に刊行された初めての幼稚園教育要領です。試案として出され，現場の幼稚園及び教員の創意工夫が求められました。さらに1964(昭和39)年に全面改訂され，その後は次の4つの性格が強められていきます。

a．国の教育課程の基準としての性格

　1964年幼稚園教育要領は「文部省告示」となりました。小学校等の学習指導要領は1958(昭和33)年より告示形式となっており，幼稚園教育要領も国の示す教育課程の基準としての位置づけを強くして今日に至ります。

b．保育・保育所，小学校教育等との関連性の強化

　1964年幼稚園教育要領が出された翌年に，初めての保育所保育指針が，当時の厚生省による通知形式で示されました。その後は，幼稚園教育要領と連動して改訂され，2008(平成20)年に小学校等の学習指導要領と幼稚園教育要領が告示された同じ年に，保育所保育指針が初めて厚生労働大臣による告示形式で出されました。

　保育だけでなく，小学校教育との関連性も高められました。1977(昭和52)年

改訂の学習指導要領は，従来の教育日数（年間240日以上）の記載を改め，年間の授業を35週以上にわたって行うという教育週数を示しました。当時は幼稚園の教育日数が「220日を下ってはならない」と定められていましたが，1989（平成元）年の学校教育法施行規則改正で幼稚園も「39週を下ってはならない」と教育週数が示されました。同年の幼稚園教育要領でも小学校教育との接続が意図され，例えば生活科を核とした「スタート・カリキュラム」等が挙げられます。2008年幼稚園教育要領は「生きる力」の基礎となる心情，意欲，態度等が育つよう教育課程を編成するとされ，小学校教育との連続性がいっそう強調されました。

c．幼稚園の教育課程としての独自性

bの傾向の一方で，幼稚園教育の独自性も強くなっています。

1956年幼稚園教育要領は教育内容（望ましい経験）を6領域で，1989年改訂の幼稚園教育要領は「ねらい」や内容が5領域で示されました。1998（平成10）年改訂の幼稚園教育要領では教員が「環境」を構成すべきとされました。

2008年の保育所保育指針が示す「保育の内容」は「養護」と「教育」で構成され，後者では幼稚園教育要領の示す5領域が援用されています。しかし保育所保育指針は，あくまで児童福祉施設最低基準が定める保育環境の基準や，保育者に求められる基準（保育士資格）等と連動して保育所保育を実施する福祉行政のもとの指針であり，教育行政に根ざし，「環境」等の独自の内容・方法を示す幼稚園教育要領とは，趣旨や枠組みそのものが異なります。

d．保育所的機能の包摂

教育課程における教育と保育の二元化の特性は根強いものの，子ども・子育て支援新制度［→第14章1］のもとで認定こども園への移行が奨励され，標準の教育時間以外の「預かり保育」（長時間保育）が多くの幼稚園で実施される実情をふまえて，教育課程における保育所的機能の包摂が求められています。

幼稚園教育要領は「幼稚園の教育課程に係る教育時間は4時間を標準とする」と原則を述べますが，2008年改訂の幼稚園教育要領では預かり保育に対応した「指導計画及び教育課程に係る教育時間の終了後等に行う教育活動などの留意事項」が初めて示されました。

2014（平成26）年には「幼保連携型認定こども園教育・保育要領」が初めて示

されました。内閣府と文部科学省，厚生労働省により告示され，内容面は幼稚園教育要領と保育所保育指針を統合しており，教育と保育を一体的に提供する全体的な計画の必要が示されました。近年は認定こども園に移行する幼稚園が増えており，教育と保育の内容・方法を可能な限り一元化させた新しい枠組みの教育課程が期待されています。

　2017(平成29)年に改訂された幼稚園教育要領は，「環境」をとおして行う教育を基本としつつ，「幼児期の終わりまでに育って欲しい姿」を明確に示し，小学校との接続をいっそう強めています。指導計画の作成上の留意事項として，小・中学校で重視される言語活動と，障害があったり，海外から帰国したりした等の特別な配慮を必要とする幼児の指導の充実が明記されました。幼稚園をめぐる制度改革と社会的課題を反映して，幼稚園教育要領も変化を続けています。

第 7 章

社会教育と生涯学習振興行政

モナ・リザ展の風景（1974 年）
画像提供：読売新聞社

　大正期に博物館は社会教育施設として位置づけられました。博物館が教育行政のもとに置かれることは，国際的に見ても稀です。

　高度経済成長期以降も文化財保護の機能※が重視されつつ，一般公衆に向けた外国美術の展観活動が取り組まれます。図は東京国立博物館（東京都台東区）を会場とした，「モナ・リザ」の展示風景です。出品は絵画2点でしたが1カ月半ほどの会期で 150 万人以上の観客が訪れました。全国で公立博物館も増え，展示に加え教育普及活動が活発になります。

※　博物館法制定の前年の 1950（昭和 25）年に文化財保護法が制定されました。

1. 社会教育と生涯学習振興行政

(1) 社会教育とは何か

　学校教育はフォーマルな教育と呼ばれますが，社会教育はノンフォーマルな教育，あるいは非体系的で偶発的とされるインフォーマルな教育の領域を指します。教育基本法では次のように定義されています。

> **教育基本法（第12条2）**　国及び地方公共団体は，図書館，博物館，公民館その他の社会教育施設の設置，学校の施設の利用，学習の機会及び情報の提供その他の適当な方法によって社会教育の振興に努めなければならない。

　このように社会教育は，図書館等の施設や学習機会を整えて住民の学習活動を支える，促進行政と呼ばれる性質をもちます。戦前の社会教育は，青年団や処女会等の団体育成と，その団体による生活改善や農村の教育運動，また映画や落語等をとおした「余暇善用」を行い，軍国主義的な思想教化に傾きました。そうした歴史への反省もあり，戦後の社会教育は，公民館等の施設の整備や学習情報の提供に重点を置き，学習活動を間接的に促す方法が採られています。そのため，子どもの数に至るまで細かく定める学校教育と比べ，つかみづらい特性があります。社会教育法では，学校教育との関係が次のように定義されます。

> **社会教育法（第2条）**　この法律において「社会教育」とは，学校教育法又は就学前の子どもに関する教育，保育等の総合的な提供の推進に関する法律に基づき，学校の教育課程として行われる教育活動を除き，主として青少年及び成人に対して行われる組織的な教育活動（体育及びレクリエーションの活動を含む。）をいう。

　社会教育は歴（れっき）とした公教育ですが，学校教育行政の領域が拡大している今日，社会教育の領域は狭まった印象があります。また，社会教育の名称を高齢者等の余暇活動や，民間の通信教育のイメージが強い「生涯学習」に変え，担当部署を教育委員会ではなく首長部局に移す自治体が増えました。しかし，子ども

は地域の中で育まれます。地域の教育環境を豊かにする社会教育の役割は重要です。

（2）生涯教育と生涯学習振興行政

　生涯学習の振興も重要です。第二次世界大戦の頃より世界で科学技術や社会経済，第三次産業が発展し，学校教育の限界が問題視される中で，1965（昭和40）年にユネスコ（国際連合教育科学文化機関）のP. ラングラン（Paul Lengrand, 1910-2003）は，人間が生涯にわたり社会生活のさまざまな場面で行う学習の総体を生涯教育（lifelong integrated education）と呼び，その重要性を示しました。

　生涯教育は国際的な潮流となり，次のような取り組みが広がりました。

①学習者の主体性や自由を重視し，インフォーマルな学習機会が活用される教育実践の構築　（例）NPOの活動
②若年期に教育機会を集中させる「フロントエンド型」の教育に加え，リカレント教育を重視　（例）企業内教育，継続教育
③社会生活や文化における不公正や格差の是正を促す変革・解放の教育　（例）環境教育，途上国における識字教育

　1980年代の日本では，臨時教育審議会[1]等により，上記の①の取り組みが特に重視されました。画一的な学校中心主義の改革を目指し，学校を彷彿とさせる「教育」でなく，「学習」という用語を使うようになり，1990（平成2）年に「生涯学習の振興のための施策の推進体制等の整備に関する法律（生涯学習振興法）」も制定されます。2006（平成18）年に改正された教育基本法は，次の「生涯学習」が述べられました。

> **教育基本法（第3条）**　国民一人一人が，自己の人格を磨き，豊かな人生を送ることができるよう，その生涯にわたって，あらゆる機会に，あらゆる場所において学習

1：1984（昭和59）年に当時の内閣総理大臣の諮問機関として発足。4つの答申で，個性重視の原則や生涯学習体系への移行を訴えました。

> することができ，その成果を適切に生かすことのできる社会の実現が図らなければ
> ならない。

　このように，本来の生涯学習（生涯教育）は，学校教育と社会教育，また家庭教育を包括する理念ですが，自治体の生涯学習振興行政の多くは社会教育行政をベースとしています。文部科学省は，2001(平成13)年に当時の社会教育局を現在の生涯学習政策局に再編し，多くの自治体でも社会教育の担当部署を「生涯学習課」等に変え，さらに教育委員会から首長部局に所管を移す例も増えました。

2．社会教育施設・社会教育関係団体

(1) 社会教育施設の機能

　1(1)で見たように，社会教育は施設の整備等により実施されます。社会教育施設は，狭義には自治体の教育委員会が所管します。その他，自治体の首長部局等の所管や，民間の施設等，類似した施設を社会教育関連施設と呼ぶことがあり，福祉行政の児童厚生施設にあたる児童館や，自治体の置くコミュニティ・センター等が含まれます。

　さらに，社会教育・生涯学習に関連する公共施設は生涯学習関連施設と総称されることがあり，お茶やピアノ等の稽古事の教室や民間のカルチャー・センター，玩具や書籍を扱う店舗等も幅広く含まれます。生涯学習振興行政は民間事業者の活用を重視しており，2003(平成15)年の地方自治法改正により自治体が設置した「公の施設」を営利企業や財団法人，NPO等が運営・管理できる指定管理者制度が導入されたため，施設の種類や運営形態の多様化はいっそう進んでいます。

(2) 社会教育施設の種類

　［表7-1］は主な社会教育施設です。それぞれの施設や指導系職員の専門性を生かし，地域の学習活動や学術・文化を支えています。

表7-1　主な社会教育施設と指導系職員の種類と数

区分	公民館	図書館	博物館	博物館類似施設	青少年教育施設	女性教育施設	社会体育施設
施設数	13,798	3,394	1,305	4,466	840	358	45,658
(公立)	13,798	3,372	805	3,575	812	271	26,663
指導系職員数	公民館主事	司書	学芸員	学芸員	指導系職員	指導系職員	指導系職員
	11,795	21,520	5,350	3,686	2,720	455	18,800

＊文部科学省（2023）「令和3年度社会教育統計調査結果」より作成
＊公民館と図書館は類似施設を含む。社会体育施設の公立施設数は団体数

ａ．公民館

　教育基本法（第12条）で規定される公民館は，戦後の社会教育の理念が体現された施設です。目的は次のように定められています。

> **社会教育法（第20条）**　公民館は，市町村その他一定区域の住民のために，実際生活に即する教育，学術及び文化に関する各種の講座を行い，もって住民の教養の向上，健康の増進，情操の純化を図り，生活文化の振興，社会福祉の増進に寄与することを目的とする。

　このように，市町村の設置する公民館は，生活から教育，学術，文化に関する住民の学習活動の拠点となり，その領域は社会福祉の増進にも及びます。この目的のために「公民館の設置及び運営に関する基準」では，次のような公民館の幅広い機能と役割が示されています。

○地域の学習拠点としての機能（第3条）……講座等の開設，学校や他の施設，団体，NPO等と共同した学習機会・情報の提供
○地域の家庭教育支援拠点としての機能（第4条）……家庭教育に関する学習機会・情報の提供，相談及び助言，交流機会の提供等
○奉仕活動・体験活動の推進（第5条）……ボランティア養成のための研修会の開催等の学習機会・情報の提供
○学校，家庭及び地域社会との連携（第6条）……関係機関・団体との連絡・

協力，青少年，高齢者，障害児，乳幼児の保護者等の参加の促進，地域住民の学習の成果や知識・技能を生かす（努力義務）

2023（令和5）年度現在，全国に1万4千ほどの公民館が置かれますが，地域によって数や事業内容は異なります。例えば，冠婚葬祭を含め，住民の暮らしの拠点となる公民館や，高齢者の活動に特化した公民館，子どもの放課後事業を行う公民館等があります。また近年は生涯学習センターや首長部局のコミュニティ・センター等への移行が増えました。

b．図書館

図書館は社会教育法及び図書館法にもとづき設置され，図書や記録等の資料を扱います。次のように図書館奉仕[2]を行う責務があります。

> **図書館法（第3条）** 図書館は，図書館奉仕のため，土地の事業及び一般公衆の希望に沿い，更に学校教育を援助し，及び家庭教育の向上に資することとなるように留意し，おおむね次に掲げる事項の実施に努めなければならない。
> 1 郷土資料，地方行政資料，美術品，レコード及びフィルムの収集にも十分留意して，図書，記録，視聴覚教育の資料その他必要な資料を収集し，一般公衆の利用に供すること。（中略）
> 6 読書会，研究会，鑑賞会，映写会，資料展示会等を主催し，及びこれらの開催を奨励すること。（後略）

このように図書館は，多様な資料を収集し，読書会等の事業も行って一般公衆の利用を促し，学校や家庭等との連携も図ります。近年は地域資料のアーカイブ機能や，多文化・多言語サービスも充実しています。

c．博物館

図書館と同様に博物館は，「もの」を扱うユニークな社会教育施設です。社会教育法にもとづき制定された博物館法では次のように定義されます。

> **博物館法（第2条）** この法律において「博物館」とは，歴史，芸術，民俗，産業，

2：奉仕は「サービス」の意味で，利用者を「奉仕対象」ととらえます。

> 自然科学等に関する資料を収集し，保管（育成を含む。以下同じ。）し，展示して教育的配慮の下に一般公衆の利用に供し，その教養，調査研究，レクリエーション等に資するために必要な事業を行い，あわせてこれらの資料に関する調査研究をすることを目的とする機関（社会教育法による公民館及び図書館法による図書館を除く。）のうち，次章の規定による登録を受けたものをいう。

　このように日本では，歴史博物館や美術館や科学館，生物を扱う水族館等もすべて「博物館」です。一般公衆の教養や調査研究に資するだけでなく，レクリエーションも重要な目的です。公立以外の施設も多く，企業等の資料館や自治体の観光施設等も含めて「博物館」として国や自治体が指定する施設が多いことに特徴があります。なお，文化財保護法にもとづき[3]，東京国立博物館（東京都台東区）等の国（独立行政法人）の施設は，博物館法上の登録館でなく博物館指定施設（博物館に相当する施設）に分類されます。

　2022（令和4）年に博物館法が改正され（2023年に施行），博物館の多様化に合わせて登録制度の見直しが行われ，学芸員補の資格要件を短大卒以上とする等，学芸員等専門職員の資質向上も図られました。博物館行政は文化庁に移管され，「文化観光」も条文に加わりました。

d．青少年教育施設

　豊かな自然の中で野外活動や宿泊を行う青少年自然の家や交流の家，また都市部の児童文化センター等は青少年教育施設と総称されます。

　終戦後の1953（昭和28）年は青年学級振興法が制定され[4]，全国の市町村で青年が対象の学級等の事業が展開されましたが，高度経済成長を経ると，中学校を卒業した多くの若者が高等学校等に進学し，また就職して地域を離れるようになりました。青少年教育は日常生活や職業に直結する学習と言うより，さまざまな体験活動や集団生活を行う機能が強められ，学校や子ども会等の団体利用に重点を置く青少年教育施設が全国で設置されました。1959（昭和34）年に現在の国立中央青少年交流の家（静岡県御殿場市）や国立公園の中に置かれる施

3：敗戦後の日本美術の海外流出に加え，法隆寺金堂壁画焼失を契機に，1950（昭和25）年に制定されました。博物館法の制定は翌年です。

4：青年学級振興法は1999（平成11）年に廃止されましたが，多くの公民館等で障害者青年学級等の事業が展開されています。

設が代表的ですが，1964（昭和39）年以降は非宿泊型の都市型施設も補助の対象となりました。

青少年会館等の名称の都市型施設では，体育館や音楽室等の設備があって個人利用は歓迎されています。近年は宿泊型施設でも，学校や社会教育関係団体に限らず，少人数で利用できるプログラムが増えました。

e．社会体育施設

社会体育施設には運動場や体育館，野球場，庭球場，屋外プール等のさまざまな種類が含まれ，2021（令和3）年度の社会教育調査によると全国で4万6千ほどあり，その4割が民設民営の施設です。

2003年の改正地方自治法の施行によって指定管理者制度が導入され，公立の社会体育施設の約4割が，経営やスポーツ指導等に長けた民間企業に管理・運営を委託しています。社会体育施設に関して特に専門職や国家資格の規定はありませんが，インストラクター等の指導系職員は約1万8千人に増えています。

f．学校開放

放課後の学校の体育館，プール等の施設・設備や校庭等は，次の条文のとおり，社会教育施設として位置づけられる仕組みがあります。

> **社会教育法（第44条）** 学校（国立学校又は公立学校をいう。）の管理機関は，学校教育上支障がないと認める限り，その管理する学校の施設を社会教育のために利用に供するように努めなければならない。

このように放課後の学校の施設を社会教育のために利用できる仕組みは「学校開放」と呼ばれます。広義には学校が行う公開講座等も含まれますが，主にハード面の活用を指します。戦後は公共施設が少なく，勤労青年を対象とした青年学級や成人教室が夜間に開かれる等，学校は社会教育の重要な拠点となりました。社会教育施設が整備された今日も，学校は安全・安心な施設となっています。

市町村によりPTAや住民団体の協力を得た校庭開放，放課後子供教室［→第14章2］，スポーツ少年団等の社会教育関係団体の利用が見られますが，社会教育の事業となるため学校教員の職務には含まれません。

(3) 社会教育関係団体

子どもに関する社会教育関係団体には、学区等で構成される子ども会やサッカー等のスポーツ少年団[5]、鼓笛隊の他、民間のYMCAやボーイスカウト等があります。大人対象ではスポーツや音楽（合唱団等）、語学等の団体の他、町会やPTA、防災等の地域行政や教育・子育て関係の団体が活動しています。社会教育法では次のように定義されています。

> **社会教育法（第10条）** （前略）法人であると否とを問わず、公の支配に属しない団体で社会教育に関する事業を行うことを主たる目的とするものをいう。

1（1）で触れたとおり、戦前に青年団等の組織化により国民教化が行われた反省から、戦後は自主的・自発的な「公の支配に属しない団体」に国や自治体は公金支出を行わず、不当に干渉しない（ノーサポート・ノーコントロール）という原則が貫かれています。登録団体は公共施設の優先利用等のメリットがありますが、あくまでも任意団体です。

スポーツに関しては地域住民が自主的に運営する「総合型地域スポーツクラブ」制度が1995（平成7）年度に始まりました。現在は文部科学省とスポーツ庁が所管し、公益財団法人日本スポーツ協会（JSPO）が計画・運営に関わっています。2021年度現在は全国の1,741市町村で3,439クラブが設置されています[6]。近年は学校の運動部活動の地域連携・地域移行の拠点施設としての役割も期待されています［→第15章3］。

5：オリンピック東京大会開催の機運を背景に財団法人日本体育協会（現・日本スポーツ協会）が1962（昭和37）年に日本スポーツ少年団の組織を創設し、1986（昭和61）年のピーク時は約112万人の登録がありました。

6：スポーツ庁（2022）「令和3年度 総合型地域スポーツクラブ育成状況調査結果」より。

3．社会教育・生涯学習推進行政に求められる専門性

（1）社会教育に関する専門職

　社会教育主事は，教育委員会の教育的専門職員として自治体の社会教育に携わります。社会教育法で，次のように定められています。

> **社会教育法（第9条の3）**　社会教育主事は，社会教育を行う者に専門的技術的な助言と指導を与える。ただし，命令及び監督をしてはならない。
> 2　社会教育主事は，学校が社会教育関係団体，地域住民その他の関係者の協力を得て教育活動を行う場合には，その求めに応じて，必要な助言を行うことができる。

　このように社会教育主事は，社会教育関係団体や学校等の求めに応じ助言と指導を行います。戦前は高等官（奏任官）として府県に置かれましたが，戦後は命令・監督は禁じられ，1984(昭和59)年の社会教育法改正で市区町村の教育委員会に必ず置かれることとなりました。各自治体では行政職員の他，学校教員が任用されています。

　社会教育主事は国家資格（任用資格）で，大学・短大の養成課程を修了する他に，社会教育現場での経験がある者[7]を主な対象に大学等で開かれる社会教育主事講習を受講して，資格を取得します。

　2020(令和2)年に社会教育主事の資格制度を拡充した社会教育士の制度が発足し[8]，NPO等で地域活動を行う者や企業で社会貢献に従事する者等が資格を取得し，活用しやすくなりました。

　社会教育関係の国家資格には社会教育主事・社会教育士の他に，図書館の司書と博物館の学芸員があり，大学・短大に養成課程があります[9]。民間資格とな

7：大学・短大等を卒業，社会教育関係の職で2年以上従事，学校に4年以上勤務等のいずれかが条件となります。
8：社会教育主事講習・養成課程は「生涯学習支援論」「社会教育経営論」の2科目が新設され，「社会教育実習」が必修化されました。
9：学芸員の場合，短大では学芸員補の資格取得が可能です。

りますが，指導系職員の資質向上と質保証のために，日本スポーツ協会や日本レクリエーション協会等の組織による最新資格課程や講習，研修が展開されています。

社会教育や学校の関係者，学識経験者等で構成される社会教育委員は，都道府県と市区町村に置くことができる非常勤の公務員となる職で[10]，社会教育法（第17条）にもとづき，地域で活動する委員が社会教育に関して教育委員会に助言を行います。自治体によって生涯学習審議会との連携を行う等，地域住民や専門家の見解を社会教育行政に反映できるよう，役割や運営方法に工夫が見られます。

（2）社会教育を促進するための専門性

地域住民の学習ニーズ調査を行うと，世界遺産やヨガ等の趣味的・具体的な学習内容・テーマが挙がりやすく，これらは「要求課題」と呼ばれます。一方で，環境問題や貧困等の地域で対応が必要な問題状況や，個人の学習歴，職歴に関する状況は把握が困難で，学習者自身が学習課題を特定・認識できない可能性があり，現代的な課題や社会的要請にもとづく学習ニーズは「必要課題」と呼ばれます。

一般に行政や民間の事業では要求課題を元にプログラムを企画・提供しますが，特に社会教育の分野においては学習ニーズが十分に確認できなくても，社会教育主事等の専門職員が学習課題を判断して事業を構成する必要があります。自治体の生涯学習センター等に指定管理者制度が導入される例が増えましたが，単なる「貸し館」業務にとどまらずに，住民に必要な学習活動を促進する専門性が求められます。

近年は指定管理者制度の導入に加え，2019（平成31）年の地方分権に関する法改正によって，教育委員会の所管であった公立の社会教育施設の首長部局への移管も可能となりました。また，建物の老朽化による建て直しの必要が生じた自治体もあり，社会教育施設の位置づけは多様化し，学校教育を含めた教育行

10：公募を含め，さまざまな立場で構成される社会教育委員のための手引きも作成されています。全国社会教育委員連合企画・編集（2014）『改訂版・社会教育委員のためのQ&A：関係法規から読み解く』美巧社など。

政の枠を超えて，福祉行政等と連携した複合施設も増えています。例えば，2015(平成27)年に新設された「おおたかの森こども図書館」(千葉県流山市)は小・中学校と同じ建物にあって学校図書館を兼ね，地域交流の施設である「おおたかの森センター」も併設されています。2017(平成29)年開館の「ゆいの森あらかわ」(東京都荒川区)は，区立の中央図書館の他に吉村昭記念文学館，保育士等が子育て支援や小・中学生対象の学習エリアを併せ持つ「子どもひろば」の3つの機能が融合された，首長部局が所管する施設です。これからの社会教育行政，また生涯学習に関わる行政には，広い見識をもって多様な分野の行政職員や専門職と関われるスキルが必要と言えます。

第8章

国と地方の教育行財政

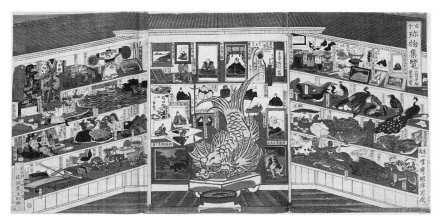

一曜斎国輝筆「古今珎物集覧」(1872年)(東京国立博物館所蔵)
出典：国立博物館所蔵品統合検索システム
　　　https://colbase.nich.go.jp/collection_items/tnm/P-3038?locale=ja

　1871(明治4)年に明治政府は，教育行政の府として文部省を新設しました。国民皆学のため義務教育が優先されますが，科学技術や文化も振興されました。上の図は，1873(明治6)年にウィーンの万国博覧会に出展するため府県から集めた物品を，万博の前年に湯島聖堂（東京都千代田区）で公開した風景です。尾張（名古屋）の鯱や，水槽のサンショウウオ等が観衆を魅了しました。この展示は当時の文部省博物局が行い，現在の東京国立博物館や国立科学博物館（いずれも東京都台東区）のルーツとなりました。

　1968(昭和43)年に文化庁が当時の文部省の外局となった後も，博物館や文化振興に関する政策は教育行政の範疇にあります。2022(令和4)年度の文化庁予算は，子どもの文化芸術体験の推進や文化財の活用，また文化芸術のDX化等を織り込んで年間1,076億円を計上しています。

1. 国の教育行政

(1) 教育行政の基本原理

　教育行政は公教育を支える仕組みであり，国民の教育権を保障するための条件整備を行います。現代日本の教育行政の原則は次のように定められます。

> **教育基本法（第16条）**　教育は，不当な支配に服することなく，この法律及び他の法律の定めるところにより行われるべきものであり，教育行政は，国と地方公共団体との適切な役割分担及び相互の協力の下，公正かつ適切に行われなければならない。

　このように教育は，特定の内閣や団体等からの不当な支配を受けず，民主的な手続きにより定められた国の法律や地方の条例等にもとづき行われます。これは法律主義と呼ばれる原則です［→第2章3(1)］。
　この原則は，戦前の教育制度が命令主義と呼ばれるように勅令や独立命令等で決められ，結果として軍国主義に傾いたことへの反省があります。戦後は，日本国憲法の精神にもとづく法律主義や学問の自由を保障する立場から，教育の自主性と中立性は重要な原則となりました。この経緯から，国と地方公共団体が行う教育行政は，一般行財政から独立した体系をもちます。
　今日では私立の学校や教育施設も公教育の範疇ですが，民間事業の公共性だけでなく自主性を尊重し，助成を主内容とする管理が行われています。

(2) 文部科学省の任務・組織

　地方の教育行政の役割は各地域の実情をふまえて教育振興を図ることだとすると，国の役割は全国レベルで教育施策を策定し実施することにあります。国の教育行政機関が文部科学省であり，その任務は次のように定められます。

> **文部科学省設置法（第3条）**　文部科学省は，教育の振興及び生涯学習の推進を中核とした豊かな人間性を備えた創造的な人材の育成，学術及び文化の振興，科学技

術の総合的な振興並びにスポーツに関する施策の総合的な推進を図るとともに、宗教に関する行政事務を適切に行うことを任務とする。

このように文部科学省は狭義の教育から文化財、科学技術、スポーツ、宗教等に至る93項目の事務をつかさどり、[表8-1]の組織で行政事務を行います。

表8-1 文部科学省の組織の概要

◎文部科学大臣（国務大臣），副大臣，大臣政務官，秘書官
◎事務次官（国家公務員），文部科学審議官
○大臣官房……人事課，総務課，会計課等（他に文教施設企画・防災部あり）
○総合教育政策局……政策課，教育人材政策課，国際教育課，生涯学習推進課等
○初等中等教育局……初等中等教育企画課，教育課程課，幼児教育課，教科書課等
○高等教育局……高等教育企画課，大学教育・入試課，専門教育課等（他に私学部あり）
○科学技術・学術政策局……政策課，研究開発戦略課，産業連携・地域振興課等
○研究振興局……振興企画課，基礎・基盤研究課，ライフサイエンス課等
○研究開発局……開発企画課，地震火山防災研究課，宇宙開発利用課，原子力課等
○国際統括官
●外局：文化庁（1968年より），スポーツ庁（2015年より）
●施設等機関……国立教育政策研究所，科学技術・学術政策研究所
●特別の機関……日本学士院，地震調査研究推進本部，日本ユネスコ国内委員会

＊文部科学省（2024）『令和5年度 文部科学白書』268頁より筆者作成

時代の教育課題をふまえた組織変更もあります。2001（平成13）年に当時の文部省と科学技術庁が統合されて「文部科学省」となり、宇宙開発や原子力行政等も管轄します。外局は二つあり、1968（昭和43）年に芸術文化や著作権、宗教等に関わる「文化庁」が、2015（平成27）年に東京オリンピック・パラリンピック開催準備を契機に「スポーツ庁」ができました。2018（平成30）年は生涯学習政策局に代わって総合教育政策局が設置されました。

（3）内閣・大臣，審議会等の位置づけ

内閣は、教育に関する法律・予算案や教育政策の策定等を行います。国務大臣（閣僚）である文部科学大臣は、文部科学省が行う事務を管理執行し統括し

ます。その権限には法律・省令の制定・改廃案を内閣総理大臣に出したり，告示・訓令を発したりすること等があります。文部科学大臣の下に副大臣（2名）と大臣政務官（2名），秘書官が置かれます。

　事務部門の長は，いわば官僚（国家公務員）のトップである事務次官です。その下に文部科学審議官（2名）が置かれます。

　文部科学大臣の諮問に応じて教育，学術等の重要施策を調査審議し，建議する機関が中央教育審議会です。1952(昭和27)年に設置され，30名の委員（学識経験者）が教育制度，生涯学習，初等中等教育，大学の4つの分科会で審議を重ねています。2006(平成18)年の改正教育基本法にもとづき，中央教育審議会は教育振興基本計画の策定に向けた答申を出しています（第1期計画は2008-2012年度が対象）。その他にも各種の審議会や専門家会議等が組織され，審議会答申や各種の報告等は教育政策の指針とされます。

　審議会と並行して，2013(平成25)年に当時の内閣の私的な諮問機関として発足した「教育再生実行会議」は，2021(令和3)年に「教育未来創造会議」に再編されました。内閣総理大臣を議長とし，「未来を創造する若者の留学促進イニシアチブ」（第二次提言は2023年）等の提言がまとめられています。

2．地方公共団体における教育行政

（1）地方の教育行政の基本原理

　国と同様に地方における教育行政は，法律主義と自主・中立，一般行政からの独立を原則としています。地方の教育行政に最高の責任をもつのは地方公共団体の長（県知事，市長等）と，そこから独立して組織され，行政事務を担当する機関として各都道府県と市区町村に置かれる教育委員会です。

　教育委員会の制度の始まりは終戦後です。アメリカをモデルに，地方自治の理念を体現する民主的な機関として1948(昭和23)年に創設されました[1]。1956

1：1948(昭和23)年に教育委員会法が制定・施行され，委員の公選制等を定めましたが，1956年の地教行法制定により廃止されました。

(昭和31)年の「地方教育行政の組織及び運営に関する法律（地教行法(ちきょうぎょうほう)）」により権限は縮小されましたが，今日も教育委員会は，政治的中立性を保つ合議制の機関として，また確実に教育の条件整備を担う機関として置かれます。

一方で地方公共団体は，地教行法（第30条）にもとづき，法律で定められた学校，図書館，博物館等の教育機関を設置する他，条例を定めて教育に関する研究や職員の研修，保健，福利厚生に関する施設等を設置できます。

終戦直後の教育委員会は予算の権限をもちましたが，1956年の制度改正後は地方公共団体の長が教育財産を総括しています。さらに2015(平成27)年の制度改正で，議会の同意は必要なものの，教育長の任免・罷免等に関する首長の権限が拡大されました[2]。また，2015年の制度改正により，首長は教育，学術，文化等に関する総合的な施策の大綱を策定し，大綱やその他の事項の協議等を行う総合教育会議を設けることとなりました。

（2）教育委員会の構成

都道府県や市区町村の教育委員会は，いわば二段構えの組織です。［図8-1］の上部にある狭義の教育委員会は教育長と原則4名の委員で構成され[3]，教育長が招集する会議で協議（議決）が行われます。教育長は常勤で任期3年，他の委員（非常勤）は4年で，いずれも首長が議会の同意を得て任免（または罷免）します。委員の年齢，性別等に偏りがないよう，学校教育や社会教育の関係者，医師会（校医），学識経験者，企業等が任命され[4]，2001(平成13)年の地教行法改正により保護者を必ず含めることになりました。

狭義の教育委員会と事務局を総括した大きな枠組みが，広義の教育委員会です。事務局には，各地方公共団体で名称は異なりますが，学校教育，社会教育等を所管する部局が置かれ，教育委員会が行う事務を処理します。

2：2015年の改正地教行法施行により，2018(平成30)年度までに教育委員会の委員長と事務局長を指揮監督する教育長を別とする旧制度が改められ，現在の制度である教育長が任命されることになりました。
3：条例により，都道府県・指定都市は5人以上，町村は2人以上にできます。
4：自治体により，企業関係者や古刹の住職，元スポーツ選手等が任命されます。

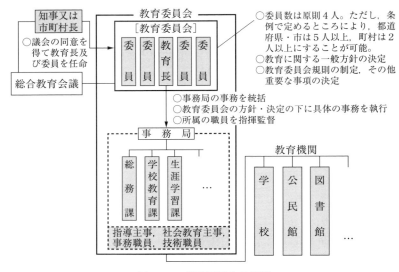

図8-1　教育委員会の組織
出典：文部科学省（2024）『令和5年度 文部科学白書』106頁より作成

（3）教育委員会の職務権限：事務局が行う事務

　地教行法（第21条）は、教育委員会が行う19項目の事務を定めています。主な事項はa.学校教育、b.社会教育、c.教育行政の別に次のとおりです。

---

a.学校教育に関すること
- 学校等の教育機関の設置・管理、施設・設備の整備
- 教職員の任免・人事、研修
- 幼児児童生徒の就学等（学籍関係）
- 学校の組織編制、教育課程、教科書等の教材
- 教科書等の教材の取り扱い
- 教職員と児童生徒等の安全、福利厚生、学校等の環境衛生、学校給食

b.社会教育に関すること
- 青少年教育、女性教育、公民館の事業等
- スポーツ

●文化財の保護
c．教育行政に関すること
●教育に関する法人に関すること
●教育に関する調査・基幹統計，広報，相談等

（4）教育委員会の職員

　教育委員会の事務局には，専門的教育職員（教育公務員）である指導主事と社会教育主事［→第7章3(1)］の他，事務職員と技術職員等が置かれます。

　指導主事は，地教行法（第18条）にもとづき学校教育分野の指導に関する事務を行います。一般に指導力のある公立校教員が，数年間任命されます。事務職員は地方公務員法にもとづき配置され，教員を充てることはできません。

3．教育財政

（1）教育財政の基本原理

　国や地方の教育財政には，法律にもとづき金銭等の財を取得するはたらきと，徴収された公共財の適切な管理と再配分を行う機能があります。例えば学校の施設・設備や教員の給与等，義務教育に係る経費は，学校を設置する市区町村が負担する原則がありますが（設置者負担主義），日本には「教育税」等の税収は無く，地方の一般財源から経費の全額を出すことは困難です。そこで，義務教育費国庫負担法（教育費負担法）（第1条）にもとづき「国民のすべてに対し（中略）教育の機会均等とその水準の維持向上を図る」ために，地方公共団体が必要とする経費の一部を国が負担しています。もっとも地方財政法（第2条）が定めるとおり，国は地方公共団体の自律性を損なったり負担を転嫁したりせず，「地方財政の自主的かつ健全な運営を助長する」ことに努めます。

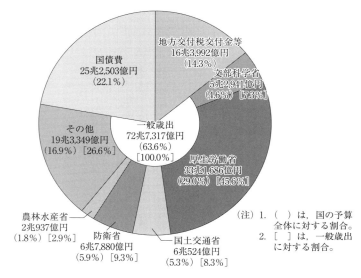

図8-2　国の予算（令和5年度）
出典：文部科学省（2024）『令和5年度 文部科学白書』276頁

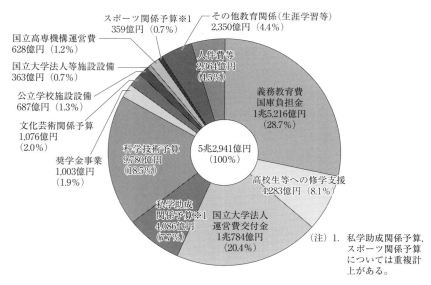

図8-3　文部科学関係予算の構成（令和5年度）
出典：文部科学省（2024）『令和5年度 文部科学白書』276頁

（2）国の教育財政：文部科学省関係予算

国の教育予算とは「文教及び科学振興費」，つまり文部科学省に充てられる額です。［図8-2］のとおり，2023（令和5）年度の国の一般歳出[5]の予算の約72兆7千億円のうち，文部科学省の予算は4.6％に当たる約5兆3千8億円です。その他に国は，地方公共団体が行う警察や消防，環境衛生，そして教育等の公的サービスに対する地域財政の不均衡を調整するため，全国の自治体に，国の予算全体の14.3％のあたる約16兆4千億円の地方交付税交付金等を支出しています。教育に関しては公立小・中学校の児童生徒，学級等の数を単位として経費が算定され，地方に交付されます。

文部科学省の予算編成では，［図8-3］のとおり，3割弱を占めるのが義務教育費国庫負担金です。義務教育費国庫負担法（第2条）にもとづいて義務教育無償の原則を実現させるため，都道府県・指定都市が設置する公立義務教育諸学校の教員（県費負担教職員）の給与のうち3分の1は国が負担しています。

その次に国立大学法人運営費交付金と科学技術予算が高い割合を占めており，高校生等への修学支援の予算は8％に上っています。

（3）地方公共団体の教育財政

多くの都道府県の歳入のうち6割程度は地方税（県税等）です。また1割程度は都道府県が行う事業の経費を国が負担・補助する国庫支出金[6]であり，このうち6割程度が義務教育や独自事業を含めた教育関係費に充てられます。

多くの都道府県の歳出を見ると，3割程度は教育費です。神奈川県では2024（令和6）年度の歳出総額（予算）2兆1千億円のうち，教育費は約2割にあたる約4千億円です[7]。神奈川県は，県立学校（政令市が設置する学校を除く）の教職員の給与や施設の整備を国の補助を受けつつ負担しています。こうした義

5：一般歳出は，国の一般会計の予算から国債費，地方交付金等を除いた額です。
6：国と地方公共団体が共同で行う事業を国が負担する「国庫負担金」と，地方公共団体の行う事務や施設設置等を国が補助する「国庫補助金」があります。
7：神奈川県の広報の他，「神奈川の「財政」を考えよう」（最新版は2024年）という若年者向けのパンフレットで解説されています。

（4）文教費・教育への公的支出

　文教費とは学校教育，社会教育，教育行政のために，国や地方公共団体が支出した経費です。[図8-5]のとおり，2021(令和3)年度の文教費総額は約24兆9千億円で，そのうち学校教育費は8割です[8]。また，文教費のうち社会教育費は6％にとどまっています。博物館等の施設整備費や専門職の整備等の国庫補助金は1997(平成9)年に廃止され，地方交付税措置に変更されており，国の補助による施設の新設は少なくなっています。

　日本では特に私学が多い後期中等教育及び高等教育，幼児教育において教育への公的支出が十分でないことは社会学や経済学の視点から指摘されており[9]，2021年度現在の国内総生産（GDP）に対する文教費総額は約4.5％です。OECD（経済協力開発機構）は，2020(令和2)年現在で，OECD加盟国は国内総生産（GDP）に対して平均5.1％を支出していること，また，日本は短期高等教育課程への支出の割合が比較的高い一方で，高等教育段階の学生1人あたりの私費負担が多いことを指摘しています[10]。戦後，さらには明治期より教育行政と学校制度を十分に組織化した日本では，私学による教育も公教育の範疇にあると考えることができ，義務教育段階以外の教育に対しても国・自治体による手当てを充実させていくことが課題と言えます。

8：文教費と国内総生産の額は，文部科学省（2024）『令和5年度 文部科学白書』（274-275頁）を参照しました。

9：中澤渉（2014）『なぜ日本の公教育費は少ないのか：教育の公的役割を問いなおす』勁草書房，ジェームズ・J・ヘックマン（古草秀子訳）（2015）『幼児教育の経済学』東洋経済新報社等を参照。

10：OECD（2023）「日本 カントリー・ノート」」" Education at a Glance 2023：OECD Indicators", OECD Publishing, Paris. より。

3. 教育財政　105

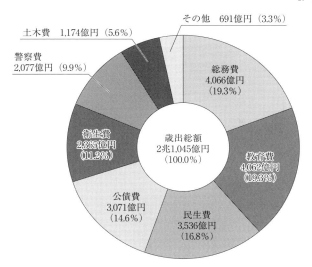

図8-4　神奈川県の目的別の歳出の状況（令和6年度）
出典：神奈川県（2024）「県財政のあらまし 2024年Ⅰ号 令和6年度当初の予算の概要」5頁

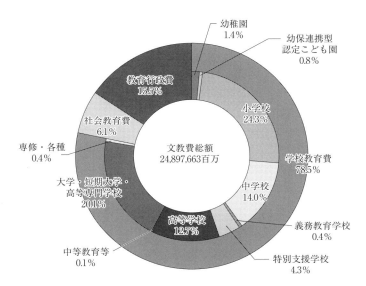

図8-5　教育分野別に見た文教費総額（令和3年度）
出典：文部科学省（2024）『令和5年度 文部科学白書』275頁

第 9 章

教職員の制度

1890(明治23)年 高等師範科卒業写真
画像提供:お茶の水女子大学デジタルアーカイブズ

　　東京女子高等師範学校(現・お茶の水女子大学)の,当時はまだ珍しかった洋装姿の卒業写真です。華族女学校附属幼稚園(現・学習院幼稚園)の創始期を支え,二葉幼稚園(現・二葉保育園)を創設した野口幽香や,大阪師範学校女子部を経て青山女学院(現・青山学院)の教頭となった塚本ハマの姿も見えます。女子高等師範学校の卒業生は全国に赴き,学校園や教育行政の黎明期を先導する人材となりました。

第9章　教職員の制度

1．法制度から見た「先生」

（1）教員制度の歴史

a．初等教育・中等教育の教員

　江戸時代には藩校や伝習所，民間の寺子屋等の「先生」はいましたが，今日の教員制度が成立したのは明治期です。明治政府は学校制度を確立するために，特に義務教育段階である小学校の教員（訓導）の養成を重視しました。

　明治初期は訓導の試験（資格検定）が行われ，1886（明治19）年の師範学校令で師範学校の教員養成が制度化されました。全国7地区の官立の師範学校と府県立の師範学校が整備され，師範学校の卒業生が教員として各地に派遣されました。同時に小学校教員免許規則が定められ，師範学校の卒業生と検定試験合格者に免許が授与されることになりました。当時の師範学校は，4年間の義務教育の後に，2年制の高等小学校を卒業した者が入学しました。このように戦前は，中等教育段階での教員養成が行われました。

　明治後期は小学校の就学率が高まり，1907（明治40）年に義務教育の年限が6年に延長されるとともに師範学校規程が公布され，師範学校で中等教育（男子は中学校，女子は高等女学校）の卒業生を受け入れる制度ができました。

　また，中等教育の教員（教諭）の養成制度も整備され，高等師範学校や教員養成所の卒業生の他，官公立の大学や専門学校（旧制の大学）の無試験検定の制度が拡充され，優秀な卒業生に教員免許状が授与されました。

b．幼児教育・幼稚園の教員

　戦前の幼稚園の教員は「保姆」です。1891（明治24）年公布の文部省令で保姆は「小学校教員の資格をもつ女性」と規定されました。1897（明治30）年公布の師範学校令も師範学校における保姆講習科の開設を定め，幼児教育の指導的立場の保姆が育成されました。

　幼稚園数は急増し，1926（大正15）年の幼稚園令により保姆免許状が保姆の要件とされました。師範学校での養成の他に，府県が設置する保姆伝習所の卒業者や公立園の見習修了者が保姆として認められました。独自の教員養成のカリ

キュラムをもつ私立園も増え，多くの女性の活躍の場を広げました。

（2）教職員の種類

戦後の抜本的な教育改革により教員制度も再編されました。学校教育法（第1条）で定められた学校の教員は，「教諭」として位置づけられました。さらに事務職員も含めて「教職員」と呼ばれます。教職員には次の種類があります[1]。

> 学校教育法（第37条）　小学校には，校長，教頭，教諭，養護教諭及び事務職員を置かなければならない。

学校の最高責任者は校長です。学校教育法（第37条）で「校長は，校務をつかさどり，所属職員を監督する」と定められます。校務には，教育活動や教職員の監督，施設設備の管理等がすべて含まれます。校長の資格は同法の施行規則（第20条）で，専修または一種の教員免許状を有し，学校の校長，教頭等の職に5年以上従事していることを原則とします[2]。私立校もほぼ同様とされ，いずれも教育に関する高い識見が問われます。

教頭は校長を助け，「校務を整理」[3]する要職で，校長とほぼ同じ基礎資格が必要です。これらの管理職を選考・任命する際に求められる経験年数等の要件は各自治体（教育委員会）で異なります。また1（3）で触れるように新しい管理職が増え，副校長の配置により教頭が置かれない学校もあります。

学級担任等の「先生」の正式名称は「教諭」です。学校教育法（第37条）にて「児童の教育をつかさどる」とされ，「教育」には教科等の指導や校務等のあらゆる教育活動が含まれます。

「保健室の先生」と呼ばれる養護教諭は「当分の間，置かないことができる」職ですが，多くの学校で保健室に常駐し，学校全体の養護をつかさどります。

事務職員は学校の事務をつかさどる職員で，総務や財務等の事務を行います。

この他，学校保健安全法により学校医と学校歯科医，薬剤師は必置とされますが嘱託でも可能です。一般的に自治体の医師会と連携して配置され，健康診

1：学校教育法等の小学校の職員に関する規定は，他の校種で準用されます。
2：受験資格をもつ者が都道府県・政令市の管理職選考試験を受験します。
3：「整理」は，行政上の準備的事務や調整を指す法令用語です。

断を行う等，学校の保健管理に携わります［→第12章2］。

（3）さまざまな教職員の制度

2007(平成19)年の学校教育法（第37条）等の改正により，教育委員会の判断で次の管理職の設置が可能となりました。

> ①副校長……校長の命を受けて校務を司り，校長に事故がある時は職務を代理する。副校長が二人以上ある場合は予め校長が順序を定める。
> ②主幹教諭……校長（及び副校長）及び教頭の命を受けて校務の一部を整理し，児童の教育をつかさどる。
> ③指導教諭……児童の教育をつかさどり，教諭等に対して教育指導の改善及び充実のために必要な指導及び助言を行う。

これらの管理職は都道府県・政令市が任命し，他校に異動しても身分は変わりませんが，自治体により導入状況や選考資格等は多様です。

この他に，食育の推進を目的に2005(平成17)年に「栄養教諭」制度が施行されました。栄養教諭は，栄養教諭普通免許状（専修，一種，二種）を有し，学校給食の実施校で給食管理と食に関する指導を行う教員です。

また，学校図書館の専門的職務をつかさどる司書教諭[4]は，学校図書館法の改正により，2003(平成15)年度より12学級以上の学校に必置となりました。

（4）教諭等の充当職

円滑な学校運営のため，服務監督権者（市町村の教育委員会か校長）が教諭に対し，主任等の「教諭等をもって充てる職」を命じます（職務命令）。教員は多くの場合，学級担任や保健委員会の委員等を務めながら，教務主任等の校務を担うこととなります。これらの充当職について，学校教育法施行規則（第44-46条）で定められる種類をまとめると次のとおりです。

4：「教諭」を基礎資格とし，学校図書館法で定められた講習を修了した者。なお「司書」（国家資格）は，図書館の専門的事務に従事する専門職。「学校司書」は学校図書館担当の事務職員で，資格要件等は各自治体が定めています。

> ① 教務主任……教諭（または指導教諭）の充当職。教育計画の立案その他の教務に関する事項について連絡調整及び指導，助言に当たる。
> ② 学年主任……教諭（または指導教諭）の充当職。当該学年の教育活動に関する事項について連絡調整及び指導，助言に当たる。
> ③ 生徒指導主事……教諭（または指導教諭）の充当職。中学校・高等学校で必置。生徒指導に関する事項をつかさどり，連絡調整および指導，助言に当たる。
> ④ 進路指導主事……教諭（または指導教諭）の充当職。中学校・高等学校で必置。進路の指導に関する事項をつかさどり，連絡調整および指導，助言に当たる。
> ⑤ 保健主事……教諭（または指導教諭），養護教諭の充当職。学校における保健に関する事項の管理に当たる。
> ⑥ 事務長……事務職員の充当職。事務職員等が行う事務を総括し，事務をつかさどる。または事務をつかさどる事務主任を置くことができる。

義務教育諸学校と高等学校では原則的に①と②は「置くものとする」職です。また中学校・高等学校では③と④，寄宿舎を設ける学校は「舎監」が必置です。その他にも教育委員会の判断で主任職等を配置できます。

2．教員の免許

（1）教員免許状の制度

戦後は，教員は免許状を必ずもつものとされ，高等教育段階での養成が行われることとなりました。1949（昭和24）年に制定・施行された教育職員免許法で必要な単位等が定められ，国により設置が認定された大学の教職課程で，大学生が科目履修を行います。また，相当免許状主義と呼ばれるように，採用された学校種と教科等に相当する免許状を取得する原則があります[5]。免許状は，取得方法により次の3種類があります。

5：中等教育学校の教員は中・高両方，義務教育学校の教員は小・中両方の免許状を有する原則がありますが，経過措置があります。

a．普通免許状

教職課程をもつ大学等で学位と所定の単位を修得し，都道府県教育委員会への申請により授与され，全国で有効です。専修（大学院修士課程修了程度）と一種（大卒程度），二種（短大卒程度）の3種類があります。

2007（平成19）年の教育職員免許法改正により2009（平成21）年から教員免許更新制が導入され，一時的に免許状の有効期間が10年となりましたが，2022（令和4）年の教育職員免許法改正によって同年7月1日から教員免許更新制は発展的に解消されました。したがって，有効期間はありません。

特別支援学校の教員は，教育職員免許法（第3条第3項）にもとづき幼稚園，小学校等の免許状の他に特別支援学校教諭の免許状を取得します。これは同法（第4条2）により，視覚障害者，聴覚障害者，知的障害者，肢体不自由者，病弱者（身体虚弱者を含む）の5つの特別支援教育領域の別に授与されます。

b．特別免許状

社会経験を有する者が都道府県の教育職員検定を経て授与されます。任命・雇用者が推薦した特定の分野の知識・技能を有する者，社会的信望が厚い者などが対象で，英会話学校講師が「英語」免許を授与される例等があります。授与された都道府県内の学校のみ有効で，小学校教諭は教科ごとに授与されます。ただし幼稚園の特別免許状はありません。

c．臨時免許状

上記のaをもつ者を採用できない場合に教育職員検定を経て授与される助教諭，または養護助教諭の免許状です。授与された都道府県内でのみ有効です。有効期間は3年で，都道府県等により6年に延長することが可能です。

（2）教員制度の特例

免許状をもたない優れた教師を確保するため，次のような特例もあります。

a．特別非常勤講師制度

専門知識や経験を有する者が部分的に授業等を担任します。実業団の野球選手（職員）を「体育」に，書道家を「国語」に招聘する等の例があります。

b．免許外教科担任制度

ある教科の免許状保有者を採用できない中学校・高等学校で，他の教科を担

当する教諭が，都道府県教育委員会の許可を得て授業を担当できる場合があります。

ｃ．民間人校長制度

2000（平成12）年の学校教育法改正で，免許状の無い民間人が，企業等での経験やリーダーシップを学校管理職として生かせる制度が始まりました。

ｄ．特別支援学校の教員

特別支援学校の免許状の無い者は，小学部の場合は小学校教諭免許といった所有免許の校種に相当する特別支援学校の教諭に就けますが，採用後は特別支援学校の教諭の免許状を取得する義務が課されます。

ｅ．小学校の専科教員

中学校・高等学校の教員免許をもつ者は，小学校で所有免許状の教科に相当する教科を担任できます。教育委員会の判断で，音楽，体育等で専科教員が専門性の高い授業を行ってきました。2022年度から文部科学省が予算を組んで小学校５，６年生の教員の追加配当を行うこととなり，算数，理科，外国語等の科目で教科担任制が併用さる小学校が増えてきました。

（３）教員の質保証とキャリア形成

一定の教員経験が認められれば，通常より少ない単位数の取得により，二種から一種［→２(1)ａ］への上位区分（上進）や，中学校の免許取得者が小学校の免許を取得するといったように，隣接する学校種の免許状を取得できます。二種の免許状で採用された者には，一種を取得する努力義務があります。

また，2015（平成27）年に創設された幼保連携型認定こども園の職員（保育教諭）は，幼稚園教諭免許状と保育士資格の両方をもつことが原則とされています。

これらは研修［→３］とは異なりますが，教育の質保証とともに，教員自らのキャリア形成のための積極的な活用が望まれます。

3. 教員の身分・服務

(1) 公僕としての教師

　日本国憲法（第15条）で，公務員は，一部への奉仕でなく「全体の奉仕者」とされます。さらに教育公務員特例法（第1条）は，教師を「教育を通じて国民全体に奉仕する」職と定めています。地方公務員法（第16条）の欠格事項（禁錮刑や懲戒免職の処分を受けた等）に該当しない上，「自己の崇高な使命を深く自覚」（教育基本法（第9条））します。公私にかかわらず国や社会全体に常に奉仕する姿勢は，私立校の教員にも通じる職業上の原則と言えるでしょう。

　教員制度は学校教育の質を保つためにあります。無免許の者が教員に任命された場合，故意であれば任命者か「教師」に30万円以下の罰金が課されます。

(2) 教職員の服務：職務に専念する義務

　公務員の服務（勤務すること）の原則は次のように定められています。

> **地方公務員法（第30条）**　すべて職員は，全体の奉仕者として公共の利益のために勤務し，且つ，職務の遂行に当たっては，全力を挙げてこれに専念しなければならない。
> **同法（第35条）**　職員は（中略），勤務時間及び職務上の注意力のすべてをこの職責遂行のために用い，当該地方公共団体がなすべき責を有する職務のみ従事しなければならない。

　公立校の教師は，任用時に職務に専念する義務を宣誓し，教職に奉じることとなります。これは，国立・私立校の教職員にも通じるものです。

　この義務は，学校長の承認等の手続きにより一部免除されます（「職専免」と呼ばれます）。主な理由には休憩・休日の他，育児・介護や災害救助，研修等がありますが，3(3)のとおり，教師は私生活においても職責があります。

（3）身分上の義務：遵守すべき服務規律

公務員の服務義務は，次のように地方公務員法（地公法）等で定められます。

a．信用失墜行為の禁止……地公法（第33条）等

勤務時間外も含め，（教）職の信用を傷つけ，または職全体の不名誉となるような行為をしてはなりません。

b．秘密を守る義務（守秘義務）……地公法（第34条）等

退職後も含め，職務上知り得た秘密は漏らしてはなりません。2003（平成15）年には個人情報の保護に関する法律（個人情報保護法）が制定され，学校内外を含む個人情報の扱いはきわめて慎重になりました[6]。ただし，法令による証人等となる場合は，任命権者の許可を受けて秘密に関する事項を発表します。犯罪や虐待等が疑われたりした場合は，むしろ告発する義務があります[7]。

c．政治的行為の制限……地公法（第36条）等

政党等の政治的団体の結成に関わったり，そうした団体の役職に就いたり，勧誘活動（構成員にならないようにする活動を含む）を行ってはなりません。また特定の政治的団体や内閣，地方公共団体の執行機関を支持（反対を含む）したり，公の選挙で特定の候補者を推薦したりする行為等は制限されます。

d．争議行為等の禁止……地公法（第37条）等

公務員は憲法（第28条）の労働基本権は保障されますが，同盟罷業（ストライキ）や怠業等により，地方公共団体の機関の活動能率を低下させてはなりません。こうした行為を企てたり，遂行を煽ったりすることも違法です。

e．営利企業への従事等の制限……地公法（第38条）等

勤務時間外も，営利企業を営む会社の役職に就く，事業や事務で報酬を得る等はできません。任命権者の許可を得れば，NPO理事，執筆等に従事して，教育・保育に関する見識を社会に還元することは可能です。

6：国は「学校における生徒等に関する個人情報の適正な取扱いを確保するために事業者が講ずべき措置に関する指針」（文部科学大臣通知，2004年）を出したり，自治体も手引きや事例集を作成したりする等の取り組みを行いました。

7：刑事訴訟法（第239条2）は，公務員等は職務において「犯罪があると思料するときは，告発をしなければならない」と定めています。

4．教員の研修制度

（1）教員と研修：学び続ける職責をもつ専門職として

　教育公務員特例法（第21条）は，教員は「絶えず研究と修養に努めなければならない」と定めています。研究と修養，つまり研修により学び続けることは教師の職責です。子どもの「個別最適な学びと協働的な学び」[8]の実現のため，今日的な課題に対応できるよう専門性を高めることが求められています。

（2）法定研修

　教員に義務づけられた法定研修には初任者研修と，中堅教諭等資質向上研修の二種類が定められています[9]。

a．初任者（新規採用教員）の研修

　教育公務員特例法（第23条）により，公立校の教員の任命権者（都道府県・政令市）は，採用日から一年間の初任者研修を実施します[10]。主に勤務校の指導教員の指導を受ける校内研修の他，教育委員会や青少年教育施設，企業等での講義や体験研修が行われます。

　幼稚園教諭は特例とされ，1992（平成4）年度より都道府県と指定都市の教育委員会による20日程度の研修が義務づけられました。

b．中堅教諭等資質向上研修（10年経験者研修）

　2002（平成14）年の教育公務員特例法改正（第24条）により，翌年度より在職10年に達した教員の研修が義務づけられ，都道府県教育委員会等が研修を実施しています[11]。2017（平成29）年度から中堅教諭等資質向上研修として再編

8：中央教育審議会（2021）「『令和の日本型学校教育』の構築を目指して：全ての子供たちの可能性を引き出す，個別最適な学びと，協働的な学びの実現（答申）」令和3年1月26日で打ち出された教育内容・方法の考え方。
9：この他に，指導が不適切な教員を対象とした指導改善研修があります。
10：1988（昭和63）年の教育公務員特例法改正により採用後一年間は「条件附任用」となり，その期間に初任者研修が実施されます。
11：幼稚園教諭は特例として，都道府県教育委員会等が行う研修を受けます。

され，実践的な指導力を高める研修が行われています。

（3）国・教育委員会が行う法定研修以外の研修

　国が行う研修は，教職員支援機構（茨城県つくば市，NITS）が主に管理職や研修指導者のための研修と，研修内容・方法の研究開発を行っています。都道府県や政令市の教育委員会は，校長等の管理職や中堅教育に対して学校経営力の育成や「次世代のリーダー」の養成を目的とした研修を行っています。

　都道府県や市区町村の教育委員会が行う研修には，5年や20年等の教職経験に対応したものや，教務主任等の職能別のものの他，大学院や民間企業等への長期派遣研修も行われています。

（4）私立幼稚園教員の研修

　日本では私立園が多く，全国の私立幼稚園組織は行政と連携して法定研修に相当する研修や管理職の研修等が行われます。全日本私立幼稚園幼児教育研究機構によるオンデマンド研修等も開発されています［→第6章1(3)］。

（5）自主研修・自己研鑽

　教員の生涯学習とキャリア形成の観点から，教員が自己課題を解決するために場やテーマを選択・計画できる研修の機会を保障することは重要です。各種の研究会や学会で活動を続ける教員は少なくありません。

　教育公務員特例法（第22条）は，教員は任命権者（校長）の承認を受けて，①勤務（時間内），②職務専念義務の免除，あるいは③勤務時間外の扱いで，自主的な研修を行う特例を定めています。同法は，専修免許状取得を目的とした大学院や外国での3年までの修学（休業）も認めており，2008(平成20)年新設の教職大学院（1年課程あり）での修学も奨励されています。

　自己研鑽を目的とした休職は，自己啓発休業（無給）の他，有給となる例もあります。例えば独立行政法人国際協力機構（JICA）の青年海外協力隊事業の現職教員特別参加制度は，原則的に教育委員会をとおして現職のまま（有給休職扱い），発展途上国に2年間，派遣されます。2013(平成25)年度から私立校の教員の応募も可能となりました。

第10章

学校経営・学級経営と児童生徒の管理

日本初のセーラー服型の制服（1920年）
画像提供：学校法人平安女学院
　　　　　（京都府京都市）

　明治期の女学生の「ハイカラ」な袴姿は，中等教育が普及していく大正期に「洋服」に変わっていきます。当時の日常生活は和装が一般的でしたが，ワンピース型やジャンパースカート型，セーラー服型等の制服が高等女学校で考案・導入されます。高額な着物代を節約でき，スポーツができ，おしゃれな制服は女子の憧れでした。こうした制服は，女性の洋装化を牽引したと同時に，学校経営の観点では生徒を指導・管理するツールとなりました。

1. 学校経営

(1) 学校経営の概念

　学校教育法（第37条4）は，校長が「校務をつかさどり，所属職員を監督する」と定めています［→第9章1］。公教育制度が行き届いた日本の学校経営は，企業に類似した資金調達（fund-raising）やリスクを伴う経営（マネジメント）と言うより，確実な管理・運営を示す概念と言えるでしょう。

　特に公立校においては，施設設備や教育課程，教職員の任命等に至るまで，規則を定めるのは教育委員会です。予算に関しては地方公共団体が権限をもちます［→第8章3］。校長には，所与の条件や物的・人的資源を最大限に生かし，教育活動を確実に行うための学校経営の力量が求められます。制度上は，いわゆる地教行法において次のように規定されています。

> **地方教育行政の組織及び運営に関する法律（第33条）**　教育委員会は（中略）所管に属する学校（中略）の施設，設備，組織編成，教育課程，教材の取扱その他学校（中略）の管理運営の基礎的事項について，必要な教育委員会規則を定めるものとする。（中略）新たな予算を伴うこととなるものについては，教育委員会は，あらかじめ当該地方公共団体の長に協議しなければならない。
> **同法（第34条）**　教育委員会の所管に属する学校（中略）の校長，園長，教員，事務職員，技術職員その他の職員は（中略）教育委員会が任命する。

(2) 校務分掌

　校長がつかさどる校務には，児童生徒や教職員の管理から施設・設備の安全確認にいたるまで学校経営に関するあらゆる業務が含まれます。学校教育法施行規則（第43条）にもとづき，学校は，「調和のとれた学校運営」が行われるためにふさわしい校務分掌の仕組みを整える必要があります。

　教職員が校務を分担する組織を編制し作用させる権限は，校長に委任されます。校長は，教職員の意向や適性，キャリア形成，負担の過重等を考慮し，［図10-1］のように校務の分担の仕組みを組織します。一般に教員は，学級担任

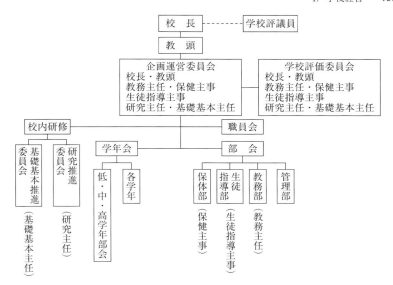

図 10-1　校務分掌組織の例（小学校）

を務めつつ部会や委員会に所属する等，複数の校務を担当しています。

（3）学校経営の改革の動向

　学校経営を支える組織には，学校教育法施行規則（第48条）にもとづき設置できる職員会議があります。全校の教職員が教育方針等を審議し，情報共有・交換等を行います。校長のリーダーシップを強めようとする機運を背景に，2000（平成12）年の同規則改正により校長が管理運営（主宰）する組織であると位置づけられ，審議事項等を決定する権限は校長に付されました。

　近年は地域住民等が学校経営に参画する仕組みとして，2017（平成29）年に学校運営協議会（コミュニティ・スクール）の設置が努力義務化されました［→第13章1］。また同年に改正された学校教育法施行規則（第65条）により，心理職のスクールカウンセラー（SC）と福祉職のスクールソーシャルワーカー（SSW）が法制上に位置づけられました。同年には学校教育法の改正により，事務職員は「事務をつかさどる」職員と定められ，「チームとしての学校」としてさまざまな専門職が校務運営に参画する仕組みが整えられました。

学校施設・設備の改善やICTの活用，防災等の地域課題を含めると，校務の拡大・複雑化と教職員の多忙化は，学校経営において深刻な課題です。「チームとしての学校」と地域連携を生かした総合的な学校経営が求められます。

2．学級の経営

（1）学級の概念

1872（明治5）年に日本で初めて定められた小学校（尋常小学）では，半年ごとの試験の成績で子どもを「級」に分ける等級制が採られました。小学校の就学率が高まる中，1891（明治24）年には同一学年を「学級」とする学年制に変わり，年間をとおした学級集団の運営が重視されるようになりました[1]。

現在の小・中学校では次の「公立義務教育諸学校の学級編制及び教職員定数の標準に関する法律（義務標準法）」のとおり，同学年の児童生徒で構成される年齢制の学級が，学校教育の基礎的な単位として編制されます。

> **公立義務教育諸学校の学級編制及び教職員定数の標準に関する法律（第3条）** 公立の義務教育諸学校の学級は，同学年の児童又は生徒で編制するものとする。

（2）学級の種類

2021（令和3）年に改正された義務標準法（第3条）では，学級編成の標準となる児童生徒数を次のように定めています。

① 小学校は，同学年で編制する学級の児童数の標準は35人。中学校の場合は生徒数の標準は40人。
② 児童生徒数が少ない等の事情がある場合，複数の学年を一学級に編制できる。この場合の小学校の学級の標準は16人（1年生を含む場合は8人），中学校の複式学級の標準は8人。

1：「学級王国」は担任教師が専横するイメージがありますが，大正期は教師と子どもが主体的に運営する「学級王国」を理想とした事例もあります。

同学年で編制される①は単式学級，複数の学年で編制される②は複式学級と呼ばれます。過疎地や学校の統廃合等の事情もあり，単級学校と呼ばれる学級が1つのみの学校もあります。

少人数教育の推進や特別支援教育等の充実を目指して，子どもや教員の定数は見直されてきました。終戦後は「すし詰め学級」と揶揄されるほど児童生徒が多く，1958(昭和33)年制定の義務標準法で，その翌年から50人が上限とされました。その後も段階的に引き下げられて小・中学校ともに40人が標準となり，2011(平成23)年の東日本大震災直後の法改正により小学校1年生のみ35人標準となりました[2]。そして新型コロナウイルス感染症対策とICT教育（GIGA（ギガ）スクール構想）の促進を理由に少人数化が進み，2021年の法改正により小学校全学年が35人標準と定められました[3]。

国の定める児童生徒の数と教職員の配置の標準をふまえて，都道府県・政令市はそれぞれの基準を決めています。さまざまな教育課題に対応するために，標準の数を下回る少人数の学級を実現させる自治体は増えています。

（3）学級と特別支援教育

特別支援教育を目的とする特別支援学校の他，義務教育諸学校における学級編制の仕組みに，特別支援学級と通級指導があります［→第4章1］。

知的障害や肢体不自由，身体虚弱，弱視，難聴等の障害のある子どもで編制される特別支援学級は，学校教育法施行規則（第136条）にもとづき一学級の児童生徒数の標準は「15人以下」とされ，公立校の場合は義務標準法（第3条）により「8人」以下で編制される原則があります。

通級制度は，言語障害，自閉症，情緒障害，弱視，難聴，LD等の障害をもつ子どもに特別な指導を行うために設置される学級です。1993(平成5)年度に制度化され，2017(平成29)年に改正された義務標準法により，児童生徒13人あたり1人として，担当教員の基礎定数化が実現されました。他にも，指導員や介助員等の非常勤職員を置く学校は少なくありません[4]。

2：教員の加配により，実質的に小学校2年生も35人が標準とされました。
3：5カ年計画で35人標準に引き下げられ，2025(令和7)年度に全学年で実現します。
4：国は2007(平成19)年度より特別支援教育支援員の財政措置を始めました。

特別支援学校の小・中学部の一学級あたりの教諭の配置は6人で（重複障害は3人），義務標準法（第11条）と，2021年に制定された特別支援学校設置基準（第5条）により，学校の規模や区分に応じてきめ細かく算定されます。各学校や教育委員会による教員加配の取り組みも見られます。

他にも，2017年の義務標準法で日本語指導担当教員は児童生徒数18人につき教員が1名と定められ，現場のニーズへの対応が進んでいます。

（4）学級担任

学校教育法施行規則（第40条）等にもとづき，小・中学校では原則的に各学級に教諭等が一人以上配置されます。各学級に配置された教員は「学級担任」と呼ばれ，学級運営に関する校務を分担することになり，出席の管理や表簿作成等の事務，教室環境の整備等を担います。

一般に小学校は学級担任制，中学校は教科担任制が採られます。小学校では音楽，体育等の他，近年は高学年を中心に算数，理科等の専科教員が増えています［→第9章2(2)］。

3．児童生徒の管理

（1）就学・入学

小学校入学は，義務教育課程の就学の始まりです。市区町村の教育委員会は，住民基本台帳をもとに入学前年の「10月1日」に在住する学齢児童[5]の学齢簿を編製します。そして通学区域にもとづく就学校を指定し，保護者と各校長に対し入学の期日等を通知し，11月末日までに健康診断を行います。

就学通知は保護者に就学義務を課す行政上の命令で，外国人児童にも同様の

5：保護者が就学義務を負う年齢（学齢期）にある児童を指し，学校教育法（第17条）で「満6歳に達した日の翌日以後における最初の学年の初めから，満12歳に達した日の属する学年の終わりまで」とされます。詳細は1902(明治35)年制定の「年齢計算ニ関スル法律」（民法の関連法）にもとづき，一学年は，4月2日生まれから翌年の4月1日生まれの児童で構成されます。中学校（前期中等教育）の生徒は学齢生徒と呼ばれ，同じ仕組みとなります。

案内が行われます。また，国・私立校入学や，学校が遠い，バリアフリー工事の遅れ等の事情による指定校の変更（区域外就学）は認められます。さらに近年は，学校選択制や中高一貫教育を導入する自治体も目立ってきました。

（2）就学の猶予・免除

　就学時の健康診断等により，障害があり特別支援学校の就学が必要と判断される児童について，市区町村の教育委員会は都道府県の教育委員会に通知し，都道府県の教育委員会が特別支援学校の入学期日を保護者に通知します。障害のある児童が通常の就学予定校で適切な教育を受けられると教育委員会が判断した場合は，「認定就学者」として予定校に入学します。病弱や居所不明等の事情で就学を猶予，免除される子どももいますが，いずれも保護者や専門家の意見を聴取するなどして個別の就学指導が行われ，在学中の変更も可能です。

　一部の市区町村は，特別支援学校に在籍する児童生徒が，居住する地域とのつながりを図るために指定校に副次的な籍を置く副籍制度を始めています。

（3）修了・卒業・転入等

　各学年の課程を終えた場合が「修了」で，それぞれ上級の学年への進級が認められます。全課程を修了した場合が「卒業」です。修了や卒業を認めるのは校長で，各学年の終わりに児童生徒の平素の成績等から総合的に判断します。

　学齢児童生徒が住所を変えた場合，新しい住所のある市区町村の教育委員会が指定する学校に就学します。このように同じ校種の他校の相当学年から移ることを「転入学」（元の学校や市区町村では「転学」）と呼びます。

　外国の学校や少年院等の日本の法定上の学校教育の課程以外から，相応しいと判断される学校，学年に移ることは「編入学」と呼ばれます。

　大学への「飛び入学」は，学校教育法施行規則（第151-154条）等にもとづき，高等学校に2年以上在学し，大学の定める分野で特に優れた資質をもつ者に認められます。1997（平成9）年に数学と物理学の分野に限り制度化され，翌年に千葉大学で初めて運用されました。現在では学校教育法の改正等によりすべての分野で可能となりましたが，この制度により入学した学生が退学した場合，学歴は「高卒」でなく「中卒」（高等学校中退）となります。

(4) 就学義務の終了について

　義務教育の全課程を修了した者について，校長は市区町村の教育委員会に通知します。校長は，課程を修了した児童生徒に卒業証書を授与します。少年院にて教科の学習を終えた者には，少年院長が修了証明書を発行します。

　義務教育課程であっても，長期欠席等で課程の修了が認められない児童生徒に対する原級留置（留年）は可能です。他の児童生徒に与える影響等も考慮して進級を認めることもありますが，憲法で保障された国民の「教育を受ける権利」（学習権）を照らし合わせて適切な措置をとる必要があります。

(5) 出席の管理

　学校教育法施行規則（第25条）は，校長が出席簿を作成することを定めています。子どもの出席状況を管理するのは，大きな理由が2つあります。

　一つは，特に義務教育課程は年齢制を採るためです。課程の修了等の認定において出席日数や総授業時数は重要な判断材料となります。

　もう一つは，教育だけでなく福祉や人権等を含めた観点から，長期欠席者に対し迅速な対応が必要なためです。児童生徒が正当な理由が認められないのに[6]出席状況が良好でない，具体的には連続して7日間出席していないなどの場合，校長は市区町村の教育委員会に通知します。市区町村の教育委員会は通知内容を確認し，保護者に就学を督促します。児童虐待が疑われる場合は，福祉事務所等と連携した措置が行われることもあります。なお，児童生徒が，国際学校やフリースクール等の学校外の施設等に通い指導を受ける必要を校長が認める場合は，「出席」と見なされます［→第4章2，3］。

(6) 出席停止

　出席はすべての教育活動の前提となりますが，学校教育法（第26，40条）では，公立の義務教育課程に在籍する児童生徒に対しても命じることができる，

6：短期の休学は保護者が診断書等を添えて校長に届け出ます。就学猶予を要すると判断される場合は，都道府県教育委員会に認可を受ける必要があります。

二種類の「出席停止」が認められています。

　一つは，学校が最大限の努力をもって指導したにもかかわらず性行不良で，他の子どもの教育の妨げがあると認められる（他の子どもや職員に傷害，心身の苦痛を与える，施設・設備を損壊する，授業を妨げる等の行為を繰返し行う）児童生徒の保護者に，市区町村の教育委員会が出席停止を命じる制度です。1980年代は校内暴力が，近年は「いじめ」等が深刻化し，2001（平成13）年の法改正により出席停止中の児童生徒への支援等の要件が加わりました。

　もう一つは，学校保健安全法にもとづき感染症に罹患している（疑いがある），伝染の恐れがある児童生徒に対し，校長が命じる制度です。出席停止の期間は法定の基準に加え，学校医等の専門家の判断を仰ぎます［→第14章2］。

（7）指導要録等の表簿の管理

　学校教育法施行規則（第28条）にもとづき学校で備える表簿のうち，児童生徒の管理に特に関係するものに指導要録や出席簿，健康診断に関する表簿等があります。これらは原則的に5年間保存する公文書であり，校長に作成・管理の義務がありますが，実際の作成は学級担任を中心に行われます。

　指導要録は「児童等の学習及び健康の状況を記録した書類の原本」とされ，国は学校指導要領の改訂をふまえて，校種別に参考書式を示しています。原則として入学等の「学籍に関する記録」と「指導に関する記録」の二種類があり，特に前者は20年間保存します。後者については，各学校や設置者が学習評価の観点等を設定します。指導要録は原則的に非公開で[7]，学習状況を家庭に連絡する通知表（通信簿）が作成されます。

4．指導の一環としての懲戒

（1）懲戒とは

　学校教育法では，次のように児童生徒等の懲戒について定めています。

7：情報公開（自己情報開示）や所見の訂正が請求された事例もあります。

> **学校教育法（第11条）** 校長及び教員は，教育上必要があると認められるときは，文部科学大臣の定めるところにより，児童，生徒及び学生に懲戒を加えることができる。ただし，体罰を加えることはできない。

この「文部科学大臣の定める」事項は，次のように規定されます。

> **学校教育法施行規則（第26条）** 校長及び教員が児童等に懲戒を加えるに当たっては，児童等の心身の発達に応ずる等教育上必要な配慮をしなければならない。
> **第2項** 懲戒のうち，退学，停学及び訓告の処分は，校長（中略）が行う。
> **第3項** 前項の退学は，市町村立の小学校，中学校（中略）若しくは義務教育学校又は公立の特別支援学校に在学する学齢児童又は学齢生徒を除き，次の各号のいずれかに該当する児童等に対して行うことができる。（中略）
> 1 性行不良で改善の見込がないと認められる者
> 2 学力劣等で成業の見込がないと認められる者
> 3 正当の理由がなくて出席常でない者
> 4 学校の秩序を乱し，その他学生又は生徒としての本分に反した者
> **第4項** 第2項の停学は，学齢児童又は学齢生徒に対しては，行うことができない。

これらの法令上の懲戒は，3(2)の「出席停止」と異なる公的な処分ですが，あくまでも教育上必要がある場合に限られ，体罰は認められません。

（2）法令上の懲戒

児童生徒としての身分を失い除籍される「退学」は最も重い処分です。そのため，市町村立の小・中学校，義務教育学校，また主に都道府県立となる公立特別支援学校の児童生徒には適用されません。しかし，義務教育課程であっても国立や私立校，中等教育学校の前期課程で適用されます。

一定の期間の登校を停止し謹慎させる「停学」も重い処分です。そのため，義務教育課程での停学は，私立や国立校に在学する児童生徒に対しても行うことはできません。停学の他，出席停止は，「単位」を必要とする高校生や大学生においては進級，修了への影響が大きく，政治活動や宗教上の問題が理由の場合は裁判で争われることもあります。

法令上の懲戒のうち最も軽い処分が，譴責や戒告を意味する「訓告」です。

これはあらゆる学校に在学する児童生徒と学生に適用されうる処分です。

（3）事実上の懲戒

　法令上の懲戒である退学等は法令にもとづいて行われ，児童生徒の身分も変化させることになりますが，日常の教育活動の一環としての事実上の懲戒には，叱責や作業命令等が該当します。これらの懲戒も，教育上必要があると認められる場合に限り行われます。法令上の懲戒の処分権者は校長ですが，事実上の懲戒は，校長と一般の教員が教育活動として行うものです。

　「子どもの権利条約」や「こども基本法」にもとづき，懲戒に対して子ども本人の意義申し立てや聴聞の機会も保障されるべきですが，学校教育法上の規定はありません。社会通念上だけでなく法令上も許されない処分や体罰が行われないよう，学校や国，自治体は自己点検を怠ってはなりません。

（4）体罰

　体罰はいかなる理由があっても，あってはなりません。体罰には，身体的な暴力だけでなく，用便に行かせない，騒ぐ子どもに授業を受けさせない，食事をさせない等の行為も含まれます。ただし，授業中に教室内に立たせる，人の物を壊したりした者を放課後に残す，掃除当番を増やす等の社会通念上適切な指導は，教師の教育的指導，つまり懲戒権内の行為として認められます。

第11章

教育課程と教科書・教材

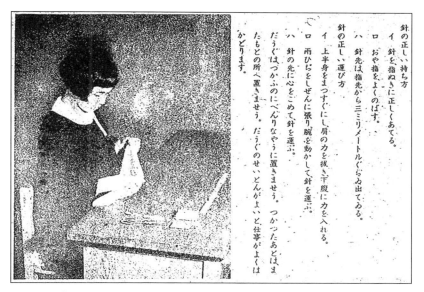

暫定教科書「初等科裁縫」(1946年)の一部
出典：国立教育政策研究所教育図書館　近代教科書デジタルアーカイブ
https://nierlib.nier.go.jp/lib/database/KINDAI/EG20086402/

　第二次世界大戦の敗戦後に連合国軍（GHQ）の占領下にあった日本は、教育・文化政策を担当したCIE（民間情報教育局）のもとで、教育行政の制度とともに教育課程、つまり学校の教育内容が大きく変わりました。修身や日本地理等の軍国主義の性格が強い科目は廃止され、新しい教科書が整う前に子ども自身が国定教科書の不適切な部分を墨塗りしました。物資不足の中で、戦中の教科書をざら紙に印刷した暫定教科書も使われます。

　新たな教科として男女共修の「社会科」と「家庭科」、「自由研究」が加わることとなり、民主的で自由な教育への期待が膨らむ中で1947（昭和22）年に教科書検定制度が始まり、明るい挿絵で彩られた、児童を新しい時代に誘うような教科書が民間の手でつくられるようになりました。

1. 教育課程の歴史的特質

(1) 教育課程とは何か

　教育課程とカリキュラムは，いずれも適切な教育活動のために組織される教育内容の体系です。教科等の学習をはじめ，広義には教育の方法や施設設備・教材等の環境構成，課外活動や学校外の体験，また「ヒドゥン・カリキュラム」という言葉があるように潜在的な教育内容も含まれます。

　一方，狭義の教育課程は各学校の教育内容の体系を指し，小学校の教育課程は「学校教育の目的や目標を達成するために，教育の内容を児童の心身の発達に応じ，授業時数との関連において総合的に組織した学校の教育計画」[1]と説明されます。教育基本法と学校教育法で定められた教育の目的や目標を達成するための教育課程の必要は，中学校等も小学校と同様に規定されています。

　教科や授業時数等の詳細は，学校教育法施行規則の第2節「教育課程」（第50-58条）における主な規定に次のものがあります。

> **学校教育法施行規則（第50条）**　小学校の教育課程は，国語，社会，算数，理科，生活，音楽，図画工作，家庭，体育及び外国語の各教科，特別の教科である道徳，外国語活動，総合的な学習の時間並びに特別活動によって編成するものとする。
> **（第52条）**　小学校の教育課程については（中略）教育課程の基準として文部科学大臣が別に公示する小学校学習指導要領によるものとする。

　教育課程を編成する主体は学校ですが，教科等の種類や標準の授業時数は国が規定しています。第52条は文部科学大臣が公示する学習指導要領を「教育課程の基準」と明記し，一定の法的拘束力をもつことを示しています。

(2) 教育課程の歴史：初等教育を中心に

　このように国が教育課程の基準を示し，各学校や地方で社会や子どもの実情

1：文部科学省（2017）『小学校学習指導要領解説 総則編』東洋館出版社，11頁

をふまえて教育課程を柔軟に編成・運用していく原則は戦前も同じです。

初めての小学校教育課程と言える1872(明治5)年の「小学教則」は高等教育の基礎となるような学術的な教科内容で構成され，例えば国語科に相当する綴字や書牘(しょとく)等が7科目もあったり，「博物学」（自然史）はアメリカの教科書がそのまま翻訳されたりと，明治初期の教育実態に十分対応しませんでした。

1891(明治24)年の「小学教則大綱(たいこう)」は修身，読書，作文，習字，算術の必須科目の他，選択科目に「農業」や女子の「裁縫」等が置かれ，小学校卒業後に就職する児童や就学率の低い女子等に向けて実学の要素が強められました。大正期には軍事教練に近い「体操」が小学校低学年から必修となる等，軍国主義への傾きもみられます。1903(明治36)年に国定教科書の制度が確立され，教科書の内容が絶対視された時代は，終戦直後まで続きました。

2．学習指導要領

（1）学習指導要領とは何か

学習指導要領は，国の定める学校の教育課程の基準です。国公立と私学を問わず一条校は，学習指導要領（幼稚園の場合は幼稚園教育要領）を基準として，各学校の状況にもとづいて教育課程を編成します。文部科学省は，学習指導要領を教育課程の基準と定める趣旨を，次のように解説しています。

> 小学校は義務教育であり，また公の性質を有するものであるから，全国的に一定の教育基準を確保し，全国どこにおいても同水準の教育を受けることができる機会を国民に保障されることが要請される。このため，小学校教育の目的や目標を達成するために学校において編成，実施される教育課程について，国として一定の基準を設けて，ある程度において国全体としての統一性を保つことが必要となる。[2]

2：文部科学省（2017）『小学校学習指導要領解説 総則編』東洋館出版社，13頁

つまり，全国で同水準の教育課程の実施を保障するため，国が基準を設ける必要が述べられています。学習指導要領は法律とは異なりますが，学校教育法施行規則にもとづき国（文部科学大臣）が告示する「基準」とされます。

終戦直後の1947（昭和22）年に初めて策定された学習指導要領は，「試案」（教師の手引き）として示されました。序論の「なぜこの書はつくられたか」では，刊行の趣旨が次のように記されています。

> この書は，学習の指導について述べるのが目的であるが，これまでの教師用書のように，一つの動かすことのできない道をきめて，それを示そうとするような目的でつくられたものではない。新しく児童の要求と社会の要求とに応じて生まれた教科課程をどんなふうにして生かして行くかを教師自身が自分で研究して行く手びきとして書かれたものである。[3]

たしかに戦前は国定教科書のとおり教える必要があり，例えば4月初めに既に桜が散った地域でも全国一律に「桜」を教えるといった問題点がありました。そのため，教師が地域に根ざした「生きた指導」を工夫するための最低限の枠組みが求められました。国が教育学研究や社会情勢等をふまえた手引きとして教育内容の全体像を示し，それにもとづいて地域と学校，そして教師が具体的な教育課程を編成するという基本的な枠組みは，今日に引き継がれています。

（2）学習指導要領の変遷

戦後に生まれた学習指導要領は社会情勢や子どもの状況等をふまえほぼ10年のスパンで見直されます。改訂の主な経緯は［表11-1］のとおりです。

2017（平成29）年改訂の小学校学習指導要領は8回目の改訂となりました。改訂前より「アクティブ・ラーニング」（主体的・対話的で深い学び）の理念や，小学校の外国語教育（英語）の教科化が注目され，同年に幼稚園教育要領と中学校指導要領が，翌年には高等学校学習指導要領が改訂され，学校間の教育課程の接続性を高めることが重視されています。

3：文部省（1947）『学習指導要領一般編（試案）』［Webサイト］国立教育政策研究所学習指導要領データベースより

（3）カリキュラム・マネジメント

2017年改訂の学習指導要領では，「アクティブ・ラーニング」とともに「社会に開かれた教育課程」と「カリキュラム・マネジメント」の理念が注目されます。各学校が教科横断的な視点をもち，人的，物的な資源を生かしてカリキュラムを編成し，実施や評価等（PDCAサイクル）をマネジメントする意義が，いっそう重視されます。単に校内の管理にとどまらず，子どもの教育環境に広く目を向け，地域と連携したカリキュラム経営が重要とされます。

（4）教育課程特例校の制度

学校や地域の実態に照らして効果的な教育を実施するため，特別な教育課程の編成が認められる場合があり，これは教育課程特例校と呼ばれます。

21世紀初頭は政府が「官から民へ」を提唱して地方や民間に財源を移譲する経済改革が進められる中で，2003（平成15）年に構造改革特別区域研究開発学校（教育特区）制度が導入され，2008（平成20）年度より手続きを簡素にした教育課程特例校制度が始められました。大学を中心に官民共同による公立校や株式会社立の学校，フリースクール等が注目を集めました。

近年は子どもの個に応じた指導や教科等を横断した探求的な学びに向けた機運が高まり[4]，新教科の設定や学校段階間の連携，外国語での授業実施といった取り組みを行う特例校が増えました。2024（令和6）年現在は国公私立を合わせて1,845校（管理機関数は225件）が指定されています。2021（令和3）年は一部の教科の授業時数に対して柔軟な編成が認められる授業時数特例校制度も創設され（2022年度開始），情報活用能力等の学習の基盤となる資質・能力の育成や，環境教育等の現代的な課題への取り組みが期待されます。

2005（平成17）年より不登校の児童生徒を対象とした特別の教育課程の編成は可能となっており［→第4章3］，学校制度を柔軟に拡充させることで，子どもや地域の実情をふまえた公教育の実現が目指されています。

4：2021（令和3）年の中央教育審議会答申のタイトルは「「令和の日本型学校教育」の構築を目指して：全ての子供たちの可能性を引き出す，個別最適な学びと，協働的な学びの実現」でした。

表 11-1　小学校学習指導要領の変遷：1947 年から 2017 年改訂まで

年	時代背景等	主な特徴	主な科目・授業時数等
① 1947 （昭和22）	・教育制度の大改革で中学校義務化 ・新課程のもとの教科書作成が遅れ「墨塗り教科書」も使用 ・貧弱な教育環境	・経験主義・単元学習（戦後新教育）を基本方針とする ・「試案」(手引き)形式 ・一般編と各教科編で構成 ・同年に保育要領、学校体育指導要綱が出る	・修身（公民），日本歴史・地理の廃止と男女共修の「社会科」「家庭科」「自由研究」新設 ・各教科の年間の総授業時数と週当たりの時数を表示（単位時間固定せず）
② 1951 （昭和26）	・1949（昭和24）年，教育課程審議会発足 ・1956（昭和31）年，地教行法成立（教育委員会法廃止） ・1956年度より全国学力調査開始（1966（昭和41）年度にすべて中止）	・1947年指導要領の教科間の内容調整等が主な目的 ・「試案」形式 ・「教科課程」を改め「教育課程」という用語が使われる	・4つの経験領域に教科を分け，配当する授業時数の比率提示 ・「自由研究」解消し，一部は教科以外の活動として例示（特別活動の前身）
③ 1958 （昭和33）	・CIE廃止後，日本政府独自で教育改革進める ・1962（昭和37）年より教科書無償制	・「告示」形式となる ・一般編と各教科編の構成を，一つの基準にまとめた	・道徳の時間を特設 ・年間の最低授業時数の明示
④ 1968 （昭和43）	・「教育の現代化」運動 ・高度経済成長期と第二次ベビーブーム，国民生活向上の時代	・理数系科目の充実 ・人間形成の上から調和と統一のある教育課程の実現	・授業時数は最低時数から「標準時数」に ・国語，算数等の授業時数増
⑤ 1977 （昭和52）	・高等学校進学率が9割を超える	・豊かな人間性の育成（知・徳・体の調和）と「ゆとり」ある学校生活，個性・能力に応じた教育が目指される	・指導内容の精選と標準授業時数の一部削減 ・学習指導要領の大綱化

年	時代背景等	主な特徴	主な科目・授業時数等
⑥ 1989 （平成元）	・社会の情報化，国際化，高齢化等が進む ・1980年代の臨時教育審議会の答申で「生涯学習」提唱	・生涯学習の基盤を培う観点から「豊かな心をもち，たくましく生きる人間」（自主的，自律的に生きる力）の育成 ・幼稚園教育との一貫性	・第1・2学年に「生活科」新設，国語科の時間増 ・国旗・国家の指導の充実
⑦ 1998 （平成10）	・2002（平成14）年度より完全週五日制実施	・「ゆとり」の中で「生きる力」を育む観点の重視 ・創意工夫を生かし特色ある教育を展開するための授業時数等の運用の弾力化	・第3学年以上に「総合的な学習の時間」（総合学習）新設 ・年間総授業時数の削減 ・個別学習やグループ別指導等の「個に応じた指導の充実」提示
(⑦) 2003	・「学力低下」「ゆとり教育」への批判	・「確かな学力」のための学習指導要領一部改正	・「総合学習」の充実（目標・内容の設定，全体計画の作成）
⑧ 2008 （平成20）	・2006（平成18）年の教育基本法改正による翌年の学校教育法等の関連法改正 ・2007（平成19）年より全国学力・学習状況調査	・「生きる力」を育むための基礎的・基本的な知識・技能の習得と思考力・判断力・表現力等の育成を重視 ・言語活動の充実を配慮	・「総合学習」時数削減，特別活動（学校行事）の一部代替可能に ・第5・6学年に「外国語活動の時間」（英語）新設 ・2015（平成27）年の学習指導要領一部改正により「道徳」が「特別の教科 道徳」に（2018年度実施）
⑨ 2017 （平成29）	・予測困難な社会に主体的に関わるための「アクティブ・ラーニング」への期待	・主体的・対話的で深い学びの実現が目指される ・社会に開かれた教育課程 ・カリキュラム・マネジメント	・第3・4学年に「外国語活動」，第5・6学年に「外国語」新設 ・プログラミング教育の必修化

3. 教科書・教材の制度

(1) 教科書とは何か

教科書は，1948(昭和23)年に制定・施行された教科書の発行に関する臨時措置法（教科書発行法）第2条で，「学校において，教育課程の構成に応じて組織排列された教科の主たる教材として，教授の用に供せられる児童又は生徒用図書」と定義されています。義務教育段階の学校では採択された教科書を使用しなければならず，詳細が次のように定められています。

> **学校教育法（第34条）**　（前略）文部科学大臣の検定を経た教科用図書又は文部科学省が著作の名義を有する教科用図書を使用しなければならない。

この規定は小・中学校等で適用されます。つまり，教科書は教科学習の核となる教材で，国の検定を受けたか，文部科学省が著作者となる図書です[5]。

教科書の制度は府県が国に使用書を届け出る1881(明治14)年の開申制に始まり，その後は検定制の導入等で国の管理統制が厳しくなり，1903(明治36)年より小学校の教科書は文部省著作，つまり国定教科書となりました。

教科書発行法（第1条）には，敗戦直後の厳しい経済事情をふまえ，教科書の需要供給の調整をはかって迅速確実に発行し，適正な価格を維持する必要が示されています。その原則は現在も受け継がれ，国に加え多くの民間の発行者が教科書の編集や頒布に携わり，教育水準の維持向上に取り組んでいます。

(2) 教科書の無償制と教科用図書・教材

義務教育課程で使用する教科書は無償で給与され，憲法（第26条）が掲げる義務教育無償制の理念を体現しています。授業料の無償化に比べ，経費等の問題で実現は遅れましたが，1962(昭和37)年制定の「義務教育諸学校の教科用図書の無償に関する法律（教科書無償法）」等[6]により，その翌年度に小学校1学

5：これらの図書は教科書発行法にもとづき，表紙に「教科書」と記載します。

年のみを対象にようやく開始され、海外に在留する子女には1967(昭和42)年度より、また就学を猶予・免除された学齢児童生徒には1969(昭和44)年度より無償給付が始められました。

小・中学校等の児童生徒が使用する図書類は、3(1)で見た狭義の教科書(国の検定済み又は文部科学省著作本)の他、次の規定があります。

> **学校教育法（第34条第2項）** 前項の教科用図書（著者注：狭義の教科書）以外の図書その他の教材で、有益適切なものは、これを使用することができる。

このように狭義の教科書以外の図書類も、適切であれば使用できます。今後はデジタル教科書・教材の普及も見込まれ、柔軟な制度の運用が求められます。

(3) 教科書の検定と採択

日本では厳格な教科書の検定と採択を行い、3(2)で見たようにすべての学齢児童生徒に教科書を給付しますが、海外で検定制を採るのはドイツや中国、韓国等に限られます。イギリスやフランス等では民間の発行者による教科書を学校単位で採択・購入し、児童に貸与しています。一方、タイやマレーシア等は国定教科書のみを使用します。日本の検定制度も各時代の社会情勢や子どもの実態等に合わせつつ、戦後一貫して教育水準の維持向上が図られています。

日本で検定教科書が使用されるまでのサイクルはおおむね4年で、次の過程が採られます。

○1年目……教科書発行者による著作・編集
○2年目……文部科学大臣による検定
○3年目……採択権者による採択、教科書発行者等による製造・供給
○4年目……児童生徒の使用

6：翌年に「義務教育諸学校の教科用図書の無償措置に関する法律（教科書無償措置法）」が制定・施行され、無償給付や採択等の手続きが規定されました。

a．教科書の検定

　民間で制作・編集された図書を国が審査する教科書検定の制度は，1886（明治19）年に開始されました。1903年から始められた国定教科書制度が1945（昭和20）年に廃止され，戦後に刷新された小学校，中学校等で使用する教科書を選定するための検定制度が，当時の学校教育法にもとづいて1948年に定められました。社会情勢や学習指導要領の改訂をふまえて改正が重ねられ，現在は1989（平成元）年の教科用図書検定規則や2017（平成29）年の義務教育諸学校教科用図書検定基準で詳細が示されています。

　文部科学省に諮問機関として教科用図書検定調査審議会が置かれ，文部科学省の常勤職員の教科書調査官や，大学教授や学校教員等で構成される審議会委員が申請された教科書の調査審議を行い，検定規則にもとづき検定の決定（合格）や不合格の通知及び反論の聴取等を行います。

b．教科書の採択

　教科書無償法等にもとづき，市町村立の義務教育諸学校で使用する教科書は種目（教科）ごとに1種の教科用図書が採択されます。具体的には都道府県の教育委員会が市町村教育委員会の意見をふまえて採択地区を設定し[7]，都道府県教育委員会（選定審議会等）の指導助言や各地区で設ける協議会による調査研究と協議にもとづいて採択が決められます。

　都道府県立校は都道府県の教育委員会が，国立校や私立校では校長が採択を行います。また3(4)で述べる特別支援学校・特別支援学級で使用する一般図書は，子どもの状況に合わせて毎年度，採択を行うことができます。

（4）特別支援教育における教科用図書

> 学校教育法附則（第9条）　（前略）特別支援学校並びに特別支援学級においては（中略）第34条第1項に規定する教科用図書（著者注：検定教科書）以外の教科用図書を使用することができる。

7：地域の実情により1つの市町村ごとに採択地区が分かれたり，複数の市町村で地区が構成されたりされます。

このように特別支援学校と特別支援学級では狭義の教科書[8]以外の教科用図書も使用でき，1963(昭和38)年に学校教育法に関連づけて制定・施行された「義務教育諸学校の教科用図書の無償措置に関する法律（教科書無償措置法）」第2条第2項と第14条第6項等で定められたとおり無償制の対象となります。

教科書と教科用図書はほぼ同義ですが，特別支援学校等で採択される教科用図書は，多くの一般図書も含まれます。民間の発行者が刊行する一般図書は，国の検定は受けないものの，採択権者が十分な調査研究を行い有益適切と判断した図書類で，絵本やカード等も含まれます。

2008(平成20)年に「障害のある児童及び生徒のための教科用特定図書等の普及の促進等に関する法律」が制定され，拡大教科書，音声教材の普及や発達障害等に応じた教材開発が進められています[9]。2013(平成25)年制定（施行は2016年）の「障害を理由とする差別の解消の推進に関する法律（障害者差別解消法）」[10]に関して文部科学省は必要な「合理的配慮」を示す要領と指針を策定して多様な教科用図書・教材の活用が促進されました。

（5）教材・施設等の整備

学校で使用される有形・無形[11]の教材や施設設備は，子どもの視聴覚に直接的に訴えることができ，教育活動そのものを構成する重要な要素です。

明治期の学校制度の開始時は，教科書や教具だけでなく，机等の施設設備が十分に整いませんでした。当時の文部省の教育博物館（現在の国立科学博物館）等は学校建築や教室の設備を指導助言し，植物や単語等を図示した掛図[12]

8：一般の教科書の他，文部科学省著作の点字教科書（視覚障害）や聴覚障害用の言語指導と音楽，また知的障害用の国語，算数，音楽（学年別でなく，小学部1段階は☆等と学習指導要領に対応した4段階で作成）が使用されます。
9：DAISY (Digital Accessible Information System)と呼ばれる国際標準規格にもとづく教材は主に視覚障害に対応した録音図書が中心でしたが，インターネットを活用した教材の開発が進められています。その他，LLブック等の知的障害や発達障害に対応した書籍は，都道府県等の特別支援学校用の教科用図書として選定されています。
10：国連の「障害者の権利に関する条約」(2006年採択)に対応しています。
11：1931(昭和6)年の東京中央放送局（現在のNHK）の小学校対象のラジオ番組以来，現在もテレビ等の「学校放送」が教材として活用されています。
12：「教草（おしえぐさ）」等は，社会史や美術史の資料的価値もあります。

や，昆虫標本の作り方の指導書等を作成し，学校教育の普及に努めました。

現在では「おはじき」や朝顔用の鉢，鍵盤ハーモニカ等の学校教材の他，炊飯器やICレコーダー等の一般の機器も活用されます。これらの教材は，国の財源をもとに地方公共団体や各学校が計画的に整備しています。義務教育費国庫負担法が施行された1953(昭和28)年より国は「教材費」を負担し，1985(昭和60)年以降は地方交付税措置（教材費は廃止）となっています。

標準的な教材の品目と学校規模に応じた数量を示す国の基準は，1967年の「教材基準」が最初です。以後，国の教材整備計画や学習指導要領の改訂と連動して改正され，2011(平成23)年に策定された「教材整備指針」は小学校の外国語活動や中学校の武道，そして理科教育と特別支援教育用の教材が例示されました。2017年改訂の学習指導要領による「主体的・対話的で深い学び」（アクティブ・ラーニング）とプログラミング教育の導入に対応するために，2019(令和元)年に「教材整備指針」が一部改訂されるとともに，2018(平成30)年度から5カ年計画で教育のICT化（GIGAスクール構想）の実現に向けた環境整備が進められました。

（6）補助教材の扱い

授業で使用される副読本や資料集等は「補助教材」と呼ばれます。教科書に準じた検定・採択は必要ありませんが，学校教育法（第34条第4項）で，教科用図書（電磁的記録を含む）以外で「有益適切なもの」と定義されます。教育委員会は，地方教育行政の組織及び運営に関する法律（第21条5，6号）にもとづき，所管する学校の教材の取扱いを管理する職務権限をもっており，同法（第33条第2項）で，学校で教科書以外の教材を使用する場合は，教育委員会に届け出るか承認を得る必要を定めています[13]。

自治体により，主に小・中学校で使用される補助教材として，『わたしたちの[自治体名]』等のタイトルが付けられた，教育委員会が編集・発行する副読本があります。これらは一般に，教育委員会が編集ないし発行し，教科用図書に

13：2015(平成27)年に国は「学校における補助教材の適切な取扱いについて」を教育委員会等に通知し，管理を徹底させる必要を示しました。

相当するものとして域内の児童生徒に無償で配布されます。終戦後より多くの社会科の副読本（地域副読本）が作成され，近年は環境問題や防災等の教科を横断したテーマの副読本が目立ってきています。

　補助教材は，広義には学校や教員が自作するプリントや画像等も含まれます。著作権法は次のように図書や放送等の著作物の教育目的の利用を，作者等への通知や補償金の支払いは必要であるものの，比較的緩やかに規定しています。視覚や聴覚等の障害を理由とした複製や改編（拡大教科書作成等）も可能です。

○第33条　教科用図書への掲載
○第33条の2　教科用拡大図書等の作成のための複製等
○第34条　学校教育番組の放送等
○第35条　学校その他の教育機関における複製等

第12章

学校安全・学校保健・学校給食

自由学園の昼食風景（1922年撮影）
画像提供：学校法人自由学園

　　1921（大正10）年創設の自由学園（東京都東久留米市）は「生活即教育」を教育理念に掲げ、生徒が献立を考えて調理した昼食を、美しい食堂※で生徒と教師が一緒にいただきます。現在でも校内や那須農場で野菜栽培や養豚を行い、ジャムも手作りです。学校での食や安全、保健の学びは間接的な教育活動ですが、子どもが生涯にわたり心身の健康や命を大切にし、生活の技能を身に付け、文化、環境の問題に広く目を向ける基礎を培います。

※　創設時の校舎「明日館」（東京都豊島区）は1997（平成9）年に国の重要文化財に指定されました。自由学園の歴史は次の書籍が参考になります。森まゆみ（2024）『じょっぱりの人：羽仁もと子とその時代』婦人之友社

1．学校安全

（1）子どもの安全・安心を守るということ

　2001（平成13）年に大阪の小学校で起きた事件は全国に衝撃を与えました。低学年の授業中に男が侵入して刃物を振るいました。残念ながら事故，災害等は絶えませんが，学校は不測の事態でも子どもを守る使命があります。

　1958（昭和33）年の学校保健法は2009（平成21）年に学校保健安全法に改正され，国と地方公共団体が学校の保健と安全を固守すべきと説いています。

> **学校保健安全法（第3条）**　国及び地方公共団体は（中略）保健及び安全に係る取組が確実かつ効果的に実施されるようにするため，学校における保健及び安全に関する最新の知見及び事例を踏まえつつ，財政上の措置その他の必要な施策を講ずるものとする。

　2011（平成23）年の東日本大震災の翌年，国は「学校安全の推進に関する計画」を策定しました。安全教育と安全管理を二本柱に，①安全教育，②学校施設・設備の整備充実，③学校の組織的取組，④地域社会・家庭との連携の4つの方策が挙げられました。この順に，学校安全の制度を見てみましょう。

（2）安全教育・防災教育

　岩手県釜石市の小学校では「とにかく逃げる」「状況を見て判断する」「人を助ける」という3原則のもとで年間10時間実施してきた防災教育が，東日本大震災の際に生きたそうです[1]。地震直後，児童は避難訓練どおり校舎の3階に登りましたが，非常に高い波を見て，隣の中学校の生徒と一緒に高台にある介護施設まで，教師の指示を待たずに走りました。低学年児童や高齢者の手を引

1：「『とにかく逃げろ』防災教育生きる：岩手・釜石の小中学生」『朝日小学生新聞』2011年3月24日等で紹介されました。2019（令和元）年開館のいのちをつなぐ未来館（津波伝承施設）（岩手県釜石市）は，児童生徒の避難状況のパネル展示があり，防災学習の拠点施設となっています。

いて山の上に着いた直後に，津波が校舎を呑みこんだそうです。

　学校安全においては子ども自身が生命や安全への意識を高め，危険を回避できる能力を養い，その力を共助・公助の視点から社会や生活で生かす安全教育と，特に災害に関する防災教育が重要です。2008(平成20)年改訂の小・中学校の学習指導要領には安全教育の要項が加わりました。子どもの生きる力を支える体育・健康に関する指導として，学校の教育活動全体を通じた安全に関する指導の充実が総則に明記されました。

　文部科学省は2012(平成24)年に「学校防災マニュアル（地震・津波）作成の手引」，2018(平成30)年に「学校の危機管理マニュアル作成の手引」等の学校安全の指針となる資料を作成しています。原子力発電所の事故をふまえて放射線に関する教育も重視されています。

　子どもを被害者だけでなく，加害者にしない教育も重要です。近年はスマートフォンやSNSをとおして子どもが関わる犯罪が増えました。2008年に「青少年が安全に安心してインターネットを利用できる環境の整備等に関する法律」が定められました。総務省等と連携して青少年を有害情報から守る施策に加え，児童生徒の情報モラル教育が進められています。

（3）学校施設・設備の整備

　子どもの発達にとって必要な危険性（リスク）ではなく，子どもが判断不可能な危険性（ハザード）は，潜在的なものを含めて取り除かねばなりません。学校の設置基準は指導上，保健衛生上，安全上及び管理上，適切な施設・設備を設ける必要を定めています。幼稚園設置基準では次の定めがあります。

○幼稚園の位置（7条）……教育上適切で，通園の際安全な環境に定めなければならない。

○園舎（8条）……二階建て以下を原則とする。二階建てやそれ以上の場合，保育室，遊戯室及び便所は第一階に置く。

○飲料用設備（9条）……手洗い用又は足洗用と区別する。飲料水の水質は，衛生上無害であると証明されている。

○園具・教具（10条）……学級や幼児の数に対し教育上，保健衛生上及び安全上，必要な種類・数を備えなければならない。

この他，園舎や運動場の面積や幼児清浄用設備の設置（努力義務），保育所と共用する場合等の基準が示されています。ブランコ等の遊具の傷害や熱中症の他，園バスを含めた事故や不審者への対策等，定期的な安全確認と訓練，計画の見直しが必要です。学校保健安全法施行規則（第28条）にもとづき，すべての学校には毎学期1回以上の施設・設備の安全点検が義務づけられています。遊具に関しては国土交通省の作成する指針等も参照されます。

学校管理下のケガや病気による医療費に対し日本スポーツ振興センターの災害救済給付が受けられる制度は，保護者にも知らせるとよいでしょう。

（4）学校・地域・家庭と連携した体制づくり

学校保健安全法（第27条）にもとづき学校は学校安全計画を策定・実施します。問題がある場合は設置者に申し出る（第28条），危険等発生時対処要領を作成する（第29条）等の措置も必要で，子どもの心身の健康を回復させる事後の支援も含まれます。また学校には，保護者の他に警察署等の関係機関や，地域団体等との連携が求められます（第30条）。

町内会やPTA等と連携して児童生徒の登下校を見守るボランティア活動が普及しています。文部科学省の「地域ぐるみの学校安全体制の整備」事業により，全国の自治体で学校安全ボランティア（スクールガード）と，警察官等の経歴をもつスクールガード・リーダーの導入が進められています。道路管理者や警察[2]等と連携した交通安全対策や防犯教育も行われています。

公立学校施設は，大規模災害時に地域住民の避難所となります。各自治体で建物の耐震化や，避難所の運営を想定した防災キャンプ等の防災教育事業が実施されていますが，災害時は子どもだけでなく教職員，行政職員も被災者です。石川県では2024（令和6）年の能登半島地震に加え，同年に豪雨の被害を受けました。被災地での自助努力には限界があり，児童生徒の教育の場を保障するための早急かつ総合的・組織的な支援が求められます。

2：警視庁と東京都教育庁による防犯標語「いかのおすし」等も知られます。

（5）学校事故

　遊具や理科実験による怪我等に対し，学校や行政の安全配慮義務違反の過失が，登下校中も含めて問われる場合があります。悲惨な事故を教訓に，食物アレルギーをもつ児童生徒の学校給食や，運動会の「組み体操」の安全対策等が検討されています。老朽化した学校施設も増え，屋内運動場の吊り天井の落下防止といったハード面の対策は喫緊の課題です。施設の維持管理のための国の支援事業の拡充と，民間の参画を含めた自治体の取り組みが進んでいます。

2．学校保健

（1）学校保健の規定

　成長過程にある子どもの集団教育を行う学校で，保健は重要です。学校保健安全法（第4条）は，児童生徒等と教職員の心身の健康の保持増進を図るため，学校の設置者に施設・設備と管理運営体制の整備充実等を求めています。学校は，同法（第5条）にもとづき学校保健計画の策定・実施が必要です。

　2009（平成21）年告示の学校環境衛生基準は，学校給食に関する事項は除くものの，あらゆる教室等の環境に関し，換気，保温，採光，騒音等の基準を示しています。定期的及び臨時の点検も必要で，官能法（人の感覚による検査）の他，プールの水質や害虫等の衛生検査の項目・方法等が掲げられます。

　日常的には①健康相談・保健指導，②健康診断，③緊急処置が中心で，執務のための保健室が設けられます。他に④感染症の予防も重要です。これらの運営は養護教諭や校医等［→第9章1］の他，すべての教職員が関わります。

（2）健康相談・健康診断

　子どもの健康を診断して指導助言を行う制度は，1888（明治21）年に当時の文部省が身体検査の実施をすべての学校に命じた訓令に始まります。

　今日では学校保健安全法（第8-10条）にもとづき，学校は子どもの心身の健康に関する健康相談と保健指導を行います。養護教諭をはじめ教職員と地域

の医療機関等は連携し，日常的な観察と子どもや保護者への指導助言を行います。

同法（第13-18条）は，子どもと教職員が対象の学校医等による毎学期の健康診断を定めています。同法施行規則は次のような詳細を定めています。

○毎学年の6月30日までに行い，必要時は臨時の検査を行う。
○主な検査項目は身長・体重，栄養状態，脊柱・胸郭の疾病，視力・聴力，目の疾病，耳鼻咽喉・皮膚疾患，歯の疫病等[3]。
○学校は児童生徒等の健康診断票を作成し，5年間保存する。

また同法（11-12条）は，翌年度の就学が予定される子どもを対象とした就学時健康診断の実施を定めています。市町村の教育委員会は，診断結果にもとづき保護者への勧告や助言，また特別支援学校への就学，就学義務の猶予・免除等の措置をとります。健康診断票は就学予定の学校の長に送付されます。

（3）感染症の予防

学校保健安全法（第19条）にもとづき，感染症に罹患した本人の休養と他の児童生徒への蔓延，流行を防ぐため，校長は児童生徒の出席を停止させることができます。同法の施行規則（第18条）は予防すべき感染症の種類を，同規則（第19条）は出席停止期間の基準を表12-1のように示しています。

学校には，校医や保健所等と連携して家庭や地域の状況や感染症等に関する最新の情報等をふまえた対応が求められます[4]。

3：医療技術や地域保健の進歩等で詳細は随時見直され，2016(平成28)年度より座高測定，寄生虫検査等が必須項目より削除されました。
4：公益財団法人日本学校保健会の運営する「学校保健ポータルサイト」（Webサイト）が参考になります。

表 12-1　学校における感染症の主な種類と出席停止期間の基準

種	主な感染症の種類（出席停止期間の基準）
第一種	エボラ出血熱（治癒するまで） ペスト（同上） 鳥インフルエンザ（同上）
第二種	インフルエンザ（発症した後5日を経過し解熱した後2日を経過するまで） 百日咳（咳が消失するまで又は5日間の適正な治療が経過するまで） 新型コロナウイルス感染症（発症した後5日を経過し，症状が軽快した後1日を経過するまで） 結核（学校医等が感染の恐れがないと認めるまで（第三種と同じ））
第三種	コレラ（学校医等が感染の恐れがないと認めるまで（結核と同じ）） 細菌性赤痢（同上） 流行性角結膜炎（同上）

＊学校保健安全法施行規則（第18-19条）より筆者作成

（4）学校保健・教育相談の充実

　明治初期より始められた「学校衛生」，また1958(昭和33)年制定の学校保健法では，劣悪な生活環境に起因する伝染病等が大きな課題でした。今日は健康診断で座高測定や寄生虫検査が削除されるほど保健・衛生状況は改善されましたが，多様な疾病や健康問題が生まれています。特にメンタルヘルスや性に関する問題，薬物乱用等は深刻化・複合化していると言わざるを得ません。

　今日的な課題に対応するため，養護教諭には研修等をとおした知識・技能の習得が求められます。自治体によっては退職した養護教諭を「スクールヘルスリーダー」として養護教諭未配置校等に派遣して学校保健を強化する事業も行っています。

　また国は，教育相談体制の整備のため1995(平成7)年度より「スクールカウンセラー（SC）」を全国の公立校に配置しています。SCは主に公認心理師[5]か臨床心理士の有資格者，精神科医，心理学を専門とする大学教員等の中から自治体が選考します。一般的に会計年度任用職員としての一年単位の有期雇用と

5：2015(平成27)年に制定された公認心理師法による国家資格です。

なるため，SCの身分の保障による教育相談の充実は大きな課題です。

2007(平成19)年度より国の財政措置により，障害のある児童生徒の学校生活上の介助や発達障害のある児童生徒の学習活動上のサポート等を行う特別支援教育支援員の配置も進んでいます[6]。主に中学校区で構成される地域学校保健委員会等の設置も進んでおり，教職員や校医等が専門性を生かし，校内や地域の関係者と連携していくことが求められます。

3．食育・学校給食

(1) 学校給食の歴史と現状

小学校の就学率が高まった明治期半ば以降，貧困児童のために給食を実施する学校が増えました[7]。大正期には当時の東京市で牛乳を奨励する福祉事業や，パン給食が試行されています。学校給食は都市や農村の栄養改善に加え，健康や衛生の概念を広め，近代的な食の模範を示す役割が期待されました。

1932(昭和7)年より学校給食に国庫補助が付され，学校給食制度の本格的な実施は終戦直後となります。1946(昭和21)年に当時の文部省と厚生省，農林省が通達した「学校給食実施の普及奨励について」により，学校給食は教育活動の一環として位置づけられました。体制の不備と食糧不足の中で，国際連合児童基金（ユニセフ）やアメリカ政府，民間団体等から贈られた小麦粉や脱脂粉乳等[8]が，多くの子どもを救いました。

1954(昭和29)年には学校給食法が公布され，全国の小学校で給食が推進されました。1956(昭和31)年に中学校と高等学校夜間課程，翌年には現在の特別支援学校の幼稚部・高等部も対象となります。1958(昭和33)年より当時の農林省が関わって給食に牛乳が供与され，同年に改訂された学習指導要領では学校給

6：2009(平成21)年度からは幼稚園に対する地方財政措置が開始されました。
7：牧下圭貴（2009）『学校給食：食育の期待と食の不安のはざまで』岩波書店，一般社団法人全国学校給食会連合会（Webサイト）等を参照。
8：日系人等の民間人が関わった団体の名称（Licensed Agencies for Relief in Asia）から，一部は「ララ物資」と呼ばれました。

食が学校行事等の領域に位置づけられました。

今日の学校給食は、児童生徒の心身の健全な発達と、いわゆる「食育」[9]の、大きく二つの役割を担っています。給食の目的は次のように定められます。

> 学校給食法（第2条）（中略）
> 1 適切な栄養の摂取による健康の保持増進を図ること。
> 2 日常生活における食事について正しい理解を深め、健全な食生活を営むことができる判断力を培い、及び望ましい食習慣を養うこと。
> 3 学校生活を豊かにし、明るい社交性及び協同の精神を養うこと。
> 4 食生活が自然の恩恵の上に成り立つものであることについての理解を深め、生命及び自然を尊重する精神並びに環境の保全に寄与する態度を養うこと。
> 5 食生活が食にかかわる人々の様々な活動に支えられていることについての理解を深め、勤労を重んずる態度を養うこと。
> 6 我が国や各地域の優れた伝統的な食文化についての理解を深めること。
> 7 食料の生産、流通及び消費について、正しい理解に導くこと。

これらの条項は2005（平成17）年制定の食育基本法をふまえて改正され、同年に栄養教諭制度も新設されました。2008（平成20）年改訂の学習指導要領（総則）では「体育・健康に関する指導」の中に食育が位置づけられました。国は1988（昭和63）年より余裕教室のランチルーム改修等を補助しています。

（2）学校給食の実施状況

学校給食の実施は努力義務であり、全国一律ではありません。

給食は、①パンまたは米飯、②ミルク、③おかずで構成される「完全給食」と、②と③の「補食給食」、②のみの「ミルク給食」の3形態があります。公立小学校では完全給食の実施率が高い一方で、中学校では小学校に比べて実施率が低めで、給食そのものが実施されない市町村も多めでした。近年は各自治体で給食導入・改善の取り組みが進み、2023（令和5）年度の調査によると[10]、公

9：食育基本法（第2条）で「食に関する適切な判断力を養い、生涯にわたって健全な食生活を実現することにより、国民の心身の健康の増進と豊かな人間形成に資する」目的が示されています。
10：文部科学省は隔年で学校給食実施状況等調査を実施しています。

立中学校での給食実施率は98％以上となりました。例えば，神奈川県横浜市の公立中学校は「家庭弁当」を原則としてきましたが，2016（平成28）年度より業者の配達弁当（愛称は「ハマ弁」）を導入し，2021（令和3）年度から学校給食法上の「学校給食」と位置づけられ，選択制のデリバリー型となりました。さらに2026（令和8）年度の全員給食の開始が計画されています。

国は，米飯給食や国産食材の活用率の向上を奨励しています。農林水産省の取り組みで2013（平成25）年に「和食」（日本の伝統的な食文化）がユネスコ無形文化遺産[11]に登録されており，「和食文化」も食育のテーマの一つです。

学校給食は小・中学校の教育課程の中に位置づけられますが，公立学校であっても給食費は無償ではなく保護者負担であり，自治体により月額や実施内容に相違があります。食育の観点に加えて，食材価格の高騰や食の安全，給食費の滞納[12]や，文化・民族等の背景にもとづく食材制限といった課題は多く，財政措置や就学援助［→第3章2］の充実，制度運用の柔軟性は重要です。例えばOECDの学力調査で注目されたフィンランドの給食は原則的に無償で，ビュッフェ形式のため子ども自身が「何を食べるか」を考える場となっています。

（3）栄養教諭と学校給食の展望

給食を行う学校には，栄養に関する専門的事項を司る栄養士（学校給食栄養管理者）や調理員等の職員が置かれます。そして栄養教諭[13]は，学校給食の管理とともに食に関する指導を行う教職員です。各自治体で配置数や職務内容に差がある実状があり，食育と栄養教諭制度そのものへの理解が図られています。

集団給食である以上，食中毒や食物アレルギー等への対応を含めた衛生管理は必須です。栄養教諭等の学校栄養職員だけでなく，管理職や学級担任，行政職等も研修や国のガイドライン等で新型のウイルスや，アレルギー症状を緩和

11：ユネスコの「無形文化遺産の保護に関する条約」にもとづく登録で，日本では他に「歌舞伎」「能楽」等が登録されています。
12：鳫咲子（2016）『給食費未納：子どもの貧困と食生活格差』光文社は，義務教育諸学校で完全給食を実施する意義と行政の責務を説いています。
13：基礎資格として一種免許状は管理栄養士養成施設の課程の修了と栄養士の免許が必要です。専修免許状は管理栄養士の免許が必要です。

する注射（エピペン）等の知識・技術をもつ責務があります。学校給食の実施歴が長い自治体・学校では単独の調理場をもつ「自校方式」が普及しましたが，近年は複数の学校や他施設と共同の調理場を運営する「センター方式」，委託を受けた事業者が弁当を配達する「デリバリー型」も増えています。各自治体で安全でおいしく，合理的な給食の調理・供給の体制づくりが模索されています。

　給食をとおした地域文化の学びや地場産業の促進も進められています。各自治体・学校による食品開発・供給の例には，埼玉県の県産の小麦と米粉を使う「さきたまライスボール」や，狭山茶（抹茶）入りの「マーブル食パン」等の食品が開発・供給されています。公益財団法人埼玉県学校給食会が運営する学校給食歴史館（埼玉県北本市）では，学校給食に関する歴史資料や情報が収集・公開されています。埼玉県をはじめとする全国の給食のメニューや食器，郷土料理，行事食が紹介されています。

　残食や環境問題を考える取り組みも全国で見られます。例えば，環境教育や「地産地消」の観点から地域内の有機農産物を使用したオーガニック給食の実施が注目されます。教科教育や総合的な学習の時間等の中で，食の理解を深めるカリキュラム経営も増えていくでしょう。

　新型コロナウイルス感染症対策として2020（令和2）年に学校の一斉休業が示された際には学校給食も一時的に休止され，同年に文部科学省が示した「学校の新しい生活様式」[14]により「黙食」[15]が実施されました。翌年には文部科学省が「災害時における学校給食実施体制の構築に関する事例集」を公表し，学校給食は安全教育・防災教育，また児童生徒の経済的支援につながる総合的な観点でとらえなおされています。

14：文部科学省（2020）「学校における新型コロナウイルス感染症に関する衛生管理マニュアル～『学校の新しい生活様式』～」
15：「学校の新しい生活様式」で「机を向かい合わせにしないことや，大声での会話を控えるなどの対応が必要」と記されていましたが，2022（令和4）年にこの記述は削除されました。

第13章

地域連携の制度

井上探景画「小学体操図解」(1886年)
画像提供・所蔵：玉川大学教育博物館

　　1872(明治5)年の小学教則で「体術」が教科の一つとなり，1886(明治19)年には当時の文部大臣の森有礼の方針で，集団での体操が奨励されます。明治後期には小学校の運動会に，多くの家族や地域住民が訪れるようになります。学校行事が，いわば地域全体のイベントになっていきます。

1. 地域連携：学校を核とした教育環境づくり

(1) 地域連携の意義

2006(平成18)年に大きく改正された教育基本法で、学校と家庭、そして地域との連携が、次のように条文に盛り込まれました。

> **教育基本法（第13条）** 学校、家庭及び地域住民その他の関係者は、教育におけるそれぞれの役割と責任を自覚するとともに、相互の連携及び協力に努めるものとする。

ごく当たり前の内容に見えますが、地域の教育力の低下等と言われる今日は連携の重要性を法令で定める必要があるのかも知れません。戦後より学校と社会教育の連携（学社連携）が進む一方で、「学校を核とした地域の教育力強化」[1]が政策課題とされるようになりました。

少子化が進み公立学校の統廃合が現実的な課題となる中で、文部科学省は2015(平成27)年に「公立小・中学校の適正規模・適正配置等に関する手引」を公表しました。地域の核としての学校の役割が問われています。

(2) コミュニティ・スクール（学校運営協議会）

21世紀初頭は国内外の「開かれた学校」[2]の実践が政府関係者の注目を集め、2004(平成16)年に改正された「地方教育行政の組織及び運営に関する法律」（第47条5）によりコミュニティ・スクール（法制上の名称は学校運営協議会）の制度が導入されました。

［図13-1］のとおりコミュニティ・スクールは保護者と地域住民等が学校運営に参画する制度で、市区町村の教育委員会に指定された学校に、地域住民等を委員とする学校運営協議会（協議会）が置かれます。協議会は校長が示す学

1：2015(平成27)年度より当時の文部科学省生涯学習局社会教育課が始めた事業です。
2：保護者や地域団体が州の認可を受けて公立校を運営するアメリカのチャーター・スクールやイギリスの学校理事会等が注目されました。

1. 地域連携：学校を核とした教育環境づくり　159

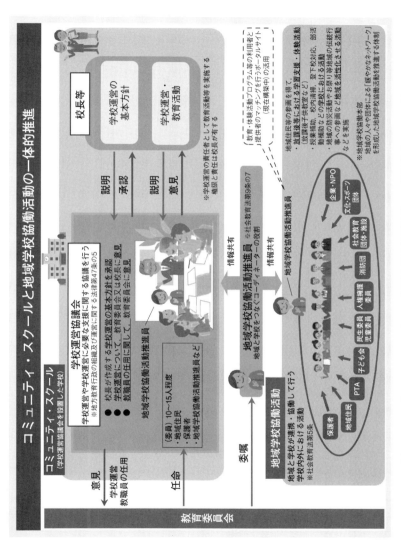

図 13-1　コミュニティ・スクールと地域学校協働活動の一体的推進のイメージ
出典：文部科学省（2024）『令和 5 年度 文部科学白書』45 頁

校運営の基本方針を承認し，教育委員会や校長に意見を述べる権限をもつため，学校と地域住民の目標の共有と連携協力が期待されます。

2017（平成29）年の「地方教育行政の組織及び運営に関する法律」の改正により，すべての公立学校がコミュニティ・スクールとなることを目指し，学校運営協議会の設置が努力義務化されました。『令和5年度 文部科学白書』によるとコミュニティ・スクールの導入校数は2023（令和5）年現在で全国の公立学校のうち1万8,135校と，半数を超えました（導入率は52.3%）。

法制化の先駆けとなった京都府京都市や，「学園」と呼ぶ中学校区単位で小中一貫教育を行う東京都三鷹市の事例が注目されました。神奈川県開成町ではすべての町立学校（幼稚園と小，中学校）がコミュニティ・スクールに指定され，幼小中連携を強めています。学校運営協議会に類似した制度を展開する自治体もあります。

近年は後述する地域学校協働活動との連携，または一体的な実施を行う自治体が増えました。各自治体で学校や地域の実態に合わせて制度を工夫しており，地域による実施内容・方法は多様です。

（3）学校の教育活動を支援する主な制度

学校と地域の連携は，学校教育が始まった明治期からさまざまな形で行われてきました。コミュニティ・スクール（学校運営協議会制度）は大きな制度改革となりましたが，他の主な制度に次のものがあります。

a．PTA（Parent-Teacher Association）

保護者が学校に関わる団体にPTAがあります。戦前より父兄会や後援会はありましたが，終戦後はアメリカをモデルに当時の文部省が民主的な「父母と先生の会」の設置を奨励し，各学校で主に母親が参加する組織（「単位PTA」等と呼ばれます）が普及しました。制度上は社会教育関係団体で，設置は任意です。したがって，本来は保護者と教員が任意で参加する団体ですが，多くは学校と地域に根付いた組織となっています。1952（昭和27）年には全国協議会[3]が発足し，今日は全国の9地区（ブロック）の他，都道府県や市区町村，校種

3：公益社団法人日本PTA全国協議会（東京都港区）の前身です。

等によりそれぞれ協議会（連合会）が組織されています。

ｂ．学校評議員

　学校運営に位置づけられる制度には，学校教育法施行規則（第49条）にもとづく学校評議員があります。2000(平成12)年に導入され，教育委員会より委嘱された保護者や地域住民等が，校長の求めに応じて学校運営に関する意見を述べることができます。一般にPTAや同窓会，自治会等の役職者や児童委員等が選任され，類似制度による代替も可能なため，ほとんどの公立小・中学校で導入されています。中学校の職場体験の窓口とする等，独自の活用も見られます。

ｃ．地域学校協働活動

　社会教育の事業として2016(平成28)年度まで，保護者や地域住民の「学校支援ボランティア」が学校の教育活動を支える「学校支援地域本部」の設置が推進されました。東京都杉並区立の中学校での高度な補習事業や，地域住民が「コミュニティルーム」を開いた秋津小学校（千葉県習志野市）[4]の事例が注目され，2008(平成20)年度に国の委託事業となり，2011(平成23)年度より「学校・家庭・地域の連携協力推進事業」の一つとなりました。

　そして2017年に改正された社会教育法（第5条2）により，市町村の教育委員会の事務として「地域学校協働活動」が制度化されました。地域学校協働活動は地域住民等の参画を得ることで，小・中学校区の「学校を核とした地域づくり」が目指されます。近年は，コミュニティ・スクールとの連携と一体的な推進が推奨され，教育委員会に委嘱された地域学校協働活動推進員が，地域学校協働活動と学校運営協議会をつなぐ役割が期待されています。地域の住民や企業等と連携することで，職場体験や郷土学習，土曜学習，防災教育，登下校中の見守り等の充実と，地域の活性化が目指されています。

ｄ．土曜日の教育活動（土曜学習）

　2002(平成14)年度に学校週五日制の完全実施が始まりましたが，2013(平成25)年の学校教育法施行規則の改正で，設置者（教育委員会）の判断により「土曜授業」の実施が可能となりました。教科教育の他に，地域の多様な人材や企

4：秋津小学校は2006年にコミュニティ・スクールに指定されました。

業、大学等の協力を得た「土曜学習」として、土曜や休業日等の教育実践が見られます。文部科学省は出前授業や施設見学等の教育プログラムの提供を支援しています。

e．部活動指導員と部活動の地域移行

2015年に中央教育審議会により「チームとしての学校」の実現のため、学校の指導体制における専門スタッフの参画が提言されました[5]。この答申をふまえて、2017年より心理職（スクールカウンセラー）や福祉職（スクールソーシャルワーカー）に加え、中学校等の部活動の指導を教員と連携・分担し、運動部等の引率を単独で行うことができる部活動指導員が法制上で位置づけられました。スポーツや吹奏楽等の活動に熟達した地域住民の指導者としての参画が、自治体の判断で行われています。

2022（令和4）年に文部科学省の外局であるスポーツ庁と文化庁は、中学校等の部活動の地域移行を目標に、「学校部活動及び新たな地域クラブ活動の在り方等に関する総合的なガイドライン」を策定しました。中学校生徒がスポーツ・文化芸術活動に生涯にわたり親しむ機会を確保することを企図して、学校と地域の連携・協働による地域クラブ活動の運営・実施の体制整備が目指されています。

2．学校評価と学校運営情報の提供

（1）地域連携のツールとしての学校評価・情報提供

2007（平成19）年の学校教育法改正で、次のようにすべての学校（高等教育機関を除く）における学校評価の実施が定められました。

> **学校教育法（第42条）** 小学校は（中略）教育活動その他の学校運営の状況について評価を行い、その結果に基づき（中略）必要な措置を講ずることにより、その教育水準の向上に努めなければならない。

5：中央教育審議会（2015）「チームとしての学校の在り方と今後の改善方策について（答申）」

> 同法（第43条）　小学校は（中略）保護者及び地域住民その他の関係者の理解を深めるとともに，これらの者との連携及び協力の推進に資するため，当該小学校の教育活動その他の学校運営の状況に関する情報を積極的に提供するものとする。

　財務状況の査定・公開も求められる大学や一般行政の外部評価とは異なり，学校教育法における学校評価は学校による自己評価が中心で，学校運営の改善を目的とした制度です。学校運営情報の提供も義務化されましたが，その目的は保護者や地域住民に学校への理解を深めてもらい，連携・協力を推進するものです。つまりこれらは，文部科学省が「学校・家庭・地域のコミュニケーション・ツール」と説明するとおり，地域連携を促す機会となることが企図されています。

　学校評価の具体的な内容・方法は，学校教育法施行規則（第66-68条）により次のように定められています。

①学校運営の状況（評価項目の設定は任意）について自己評価を行い，結果を公表し，設置者（教育委員会）に結果を報告する。
②①の結果をふまえて保護者等の学校関係者による評価を行う。

　このように①の自己評価，②の学校関係者評価の順で実施され，①は義務で，②は努力義務です。文部科学省は2008（平成20）年に「学校評価ガイドライン」を策定し，2年後の改訂版で③に当たる「第三者評価」を追加しました。実施の義務は無いですが，各学校や教育委員会では地域の実情に合わせて独自の目標や評価基準を設定したり，他校種や福祉系の職員，民間事業者，専門家等を評価員に加えたりして，「特色ある学校づくり」に発展させる事例が増えています。

（2）幼稚園における学校評価

　幼稚園は私立や小規模校が多い，小・中学校の教科学習と異なり「環境」を通して教育活動を行う等の理由から，文部科学省では2008年に「幼稚園における学校評価ガイドライン」を策定しました。

164　第13章　地域連携の制度

別添4　自己評価結果公表シート例

1．学校の教育目標

2．本年度に定めた重点的に取り組むことが必要な目標や計画をもとに設定した学校評価の具体的な目標や計画

3．評価項目の達成及び取組状況

評価項目	結果	理由
（1）		
（2）		
（3）		
：		
：		

4．学校評価の具体的な目標や計画の総合的な評価結果

結果	理由

◎「3．4．」の評価結果の表示方法

A	十分達成されている
B	達成されている
C	取り組まれているが、成果が十分でない
D	取組が不十分である

図 13-2　幼稚園の自己評価結果公表シートの例

出典：文部科学省（2011）『幼稚園における学校評価ガイドライン（平成23年度改訂版）』28頁

［図13-2］は，2011（平成23）年に改訂された幼稚園ガイドラインの「自己評価結果公表シート例」の一部です。評価項目は園の状況に合わせて設定でき，数値による詳細な目標や評価を示すことは求められていません。学校運営の改善と，家庭・地域とのコミュニケーションの促進が目指されたシートだと言えます。

ガイドラインでは，園や地域で策定する重点目標や計画は教育課程に偏る傾向があるので，学校運営にも目を向ける必要があると指摘されています。実際にガイドラインでは「家庭・地域との連携協力の状況」として，ホームページの活用を含めた学校に関する情報提供や，地域人材の活用等が評価項目の例として挙げられています。

3．地域連携が求められる教育課題

（1）「いじめ」問題への対応

「いじめは許されない」という認識は地域全体で共有される必要があります。2013（平成25）年に「いじめ防止対策推進法（いじめ防止法）」が制定され，同年に文部科学省は「いじめの防止のための基本的な方針」（基本方針）を策定しました。ここでは「いじめ」は次のように定義されます。

> **いじめ防止対策推進法（第2条）** この法律において「いじめ」とは，児童等に対して（中略）当該児童等と一定の人的関係にある他の児童等が行う心理的又は物理的な影響を与える行為（インターネットを通じて行われるものを含む。）であって，当該行為の対象となった児童等が心身の苦痛を感じているものをいう。

このように，行為の対象となった子どもが「心身の苦痛」を感じたかが判断の基準となり，インターネットによる行為も含まれます。近年はSNSやゲーム機で子どもが容易に加害者や傍観者となり，大人は気づくことすら難しい場合があります。いじめ防止法にもとづき，学校と地方公共団体は，各々がいじめ防止と早期発見等のための基本方針を策定し，次のように組織的な対応を行うこととなりました。

表 13-1　いじめ防止対策推進法にもとづき設置される組織

分類	組織名	設置	構成等	防止法
学校	◎いじめの防止等の対策のための組織	必置	複数の教職員，心理・福祉等の専門職等	第22条
地方公共団体	いじめ問題対策連絡協議会	任意	学校，教育委員会，児童相談所，法務局，都道府県警察等	第14条1
	○教育委員会の附属機関	任意	（条例で設置）構成員は非常勤	第14条3
重大事態発生時	学校又は学校の設置者の置く調査機関（◎又は○を兼ねることが可能）	必置	（児童等の生命，心身等に重大な被害が生じた，又は学校を欠席することを余儀なくされた等の疑いがある場合に設置）	第28条1
	附属機関（公立校は地方公共団体の長，私立校は都道府県知事が置く）	任意	（条例で設置）構成員は非常勤	第30条2 第31条2

　以上のように，学校関係者だけでなく，法務局や警察等を加えた専門職が協議や調査等を行います。いじめ防止法（第4条）が「児童等は，いじめを行ってはならない」と定めるとおり，ごく当たり前の認識を子どもにもたせうる地域全体の取り組みが重要です。

（2）人権教育の取り組み

　2000（平成12）年に制定された「人権教育及び人権啓発の推進に関する法律」は，人権教育を「人権尊重の精神の涵養を目的とする教育活動」（第2条）と定義し，国や地方公共団体が「学校，地域，家庭，職域その他の様々な場所を通じて，国民が（中略）人権尊重の理念に対する理解を深め，これを体得」できるよう（第3条），人権教育を行う責務をもつとしています。その基本理念には日本国憲法の言う基本的な人権（第11条）や法の下の平等（第14条），また教育基本法が定めた教育の機会均等（第4条）等があり，国際条約である「児童の権利に関する条約」や「経済的，社会的及び文化的権利に関する国際規約

（A規約）」等でも人権と，その教育・啓発の必要が示されます。

　今日も女性や外国人，障害児者等に対する差別や虐待，同和問題[6]等の人権侵害が根深く残ります。文部科学省は2008（平成20）年に出された「人権教育の指導方法等の在り方について（第3次とりまとめ）」等をふまえ，人権教育等に関する事業実施や研究，研修，また性的少数者等の新たに顕在化した問題への対応も進め[7]，教育委員会も学校教育と社会教育を通じた取り組みを行っています。多くの学校の校務分掌組織［→**第10章1**］で，地域連携を担当する教員が置かれます。学校と地域住民による人権教育と，人権問題の解決に取り組む体制づくりが継続して求められます。

6：2016（平成28）年に部落差別の解消の推進に関する法律（部落差別解消推進法）が制定されました。
7：文部科学省初等中等教育局児童生徒課長通知（2013）「性同一性障害に係る児童生徒に対するきめ細かな対応の実施等について」等が出されました。

第 14 章

児童福祉と教育：保育，放課後，家庭教育

清友園幼稚園の風景
画像提供：公益財団法人近江兄弟社

　戦前より多様な教育者の福祉と教育の境界を越えた活動が，地域の教育環境を支えました。近江八幡で活躍したアメリカ人建築家と結婚した一柳満喜子は，1920（大正9）年に自宅で学童保育（プレイグラウンド）を始めます[※]。アメリカで人権問題や障害児教育等も視察し，1922（大正11）年に幼稚園（現・ヴォーリズ学園）も開設します。上の図は昭和初期の園舎の風景です。

※　木村晟（2012）『近江兄弟社学園をつくった女性 一柳満喜子』港の人

第 14 章　児童福祉と教育：保育，放課後，家庭教育

1．児童福祉の制度改革と幼稚園

（1）子ども・子育て支援制度の導入

　子どもの教育環境において「家」や家族関係は核となりますが，福祉施策の制度設計における家庭への依存には限界があります。1978(昭和53)年に当時の厚生省は「老親と子の同居は我が国の特質であり（中略）「福祉における含み資産」というべき制度」[1] として，介護等を同居の家族が無償で担うべきとする見解を示し，議論を呼びました。戦前の旧民法では親の扶養義務が定められ，戦後は1963(昭和38)年の老人福祉法の制定等により社会保障制度が改められたものの，福祉制度は戦後一貫して家庭内介護が当たり前という前提があり，施設の整備計画や税制等に反映される傾向がありました。

　少子高齢化や核家族化が進んだ今日では高齢者福祉の改革は避けられず，2000(平成12)年より介護保険制度が導入されました。児童福祉においても，男性雇用者と専業主婦で構成される世帯で主に母親が育児を担うというモデルに限界が生じ[2]，さまざまな制度改革が進みました。そして児童福祉法等の改正により，2015(平成27)年より介護保険制度の仕組みに倣った「子ども・子育て支援制度」（「新制度」と呼ばれました）が導入されました[3]。2012(平成24)年に成立した子ども・子育て支援法によると，目的は次のとおりです。

> **子ども・子育て支援法（第 1 条）**　この法律は，我が国における急速な少子化の進行並びに家庭及び地域を取り巻く環境の変化に鑑み，児童福祉法その他の子どもに関する法律による施策と相まって，子ども・子育て支援給付その他の子ども及び子どもを養育している者に必要な支援を行い，もって一人一人の子どもが健やかに成長することができる社会の実現に寄与することを目的とする。

1：厚生省「厚生白書（昭和 53 年版）」の「総論」4 (3)
2：総務省の「労働力調査」詳細集計結果をふまえ，1990 年代半ばに共働き世帯が専業主婦世帯を数で抜いたことが「厚生労働白書」で報告されています。
3：柏女霊峰（2015）『子ども・子育て支援制度を読み解く：その全体像と今後の課題』誠信書房，145-147 頁等で制度創設の経緯が解説されています。

新制度は福祉施策の大改革ですが，教育行政においても幼児教育や，小学校の放課後事業にも大きな影響を与えました。特に幼稚園は助成金の給付のあり方や，子どものニーズを「認定」するという保育所等の児童福祉施設と同じ手続きを導入することとなり，幼稚園制度全体の抜本的な改革となりました。

（2）幼稚園の制度改革

　子ども・子育て支援制度［図14-1］は，教育と保育の行政が別々に管轄してきた多様な施策や社会資源を一元化・連携させ，実際の運用は市町村が地域の実情に合わせて行います。教育・保育を市町村のもとで一元化することで，同年齢の子どもを対象とした二重行政が解消され，保護者も保育サービスを利用しやすくなることが目指されました。制度の成立時は内閣府が主導し，現在は2023（令和5）年に発足した子ども家庭庁が所管しています。

　制度導入により幼稚園は，次の3通りの位置づけを選ぶこととなりました。

①国公私立の幼稚園は，保育所と同様に，市区町村の施設型給付の対象施設となります。幼稚園は「教育標準時間」の保育の必要性が認められた満3歳以上の「1号認定」の子ども[4]が利用する施設として給付を受けます。
②教育と保育を一体的に提供する「幼稚園と保育園のいいとこ取り」をした施設である「幼保連携型認定こども園」[5]等に移行できます。
③私立幼稚園は，市区町村に申出を行えば施設型給付の対象外となります（［図14-1］の，左の枠外にはみ出している部分に当たります）。

　①の場合は，「教育標準時間」に対応する施設型給付等を受け，安定した運営ができますが，市区町村の「教育ニーズ」に対応する必要があります。また保育料は，利用者の所得に応じた支払い（応能負担）を原則に，国の定める基準を上限に市区町村が定めます。

4：教育・保育を利用する子どもは3つの認定区分があり，保育所を利用できる満3歳以上の子どもは「2号」，満3歳未満の子どもは「3号」です。
5：2006（平成18）年制定の「就学前の子どもに関する教育，保育等の総合的な提供の推進に関する法律（認定こども園法）」にもとづく施設です。

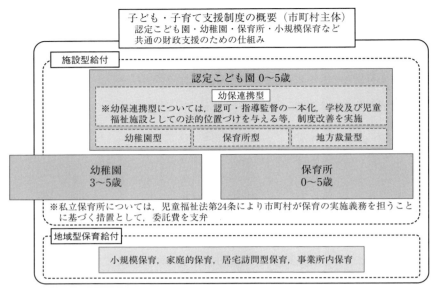

図 14-1　子ども・子育て支援制度と幼稚園の仕組み
出典：子ども家庭庁「子ども・子育て支援制度の概要（概要図）」より作成

②の場合，幼稚園が移行しやすいようさまざまな措置があります。従来の認定こども園は「二重行政」と言われたように幼稚園と保育所の二種類の手続きが必要でしたが，認可等が一本化されました。市区町村の「教育・保育ニーズ」への対応が必要なため，保育教諭の確保や給食，午睡（ごすい）の設備の設置が困難な幼稚園は，「幼稚園型認定こども園」に移行する例が見られます。

③の場合，市区町村の応諾義務が無いため，預かり保育や入園児の選考等が独自に行えます。また従来どおり私学助成[6]と幼稚園就園奨励［→第6章1（2）］を措置され，保育料も独自に設定できます。一方で，保育所機能の認可等による施設型給付が，園の経営をいっそう安定させる可能性も考えられます。

今日の幼稚園は過渡期にあり，認定こども園等への移行が増えました。任意

6：①②の場合も私学助成が措置されますが，一般補助は受けられず，特別支援教育や「特色ある幼児教育の取り組み」等に対する特別補助に限られます。

の自治体の幼稚園の状況を確認するとよいでしょう［→第15章3］。

2．小学校児童の放課後の教育事業

（1）放課後児童クラブ：児童の健全育成及び放課後児童対策として

　児童福祉や幼稚園制度が複雑な背景には，多くの民間の施設や私立幼稚園が教育環境を支えた歴史的特質があります［→第6章1（2）］。一般に学童保育と呼ばれる小学生の放課後事業も，高度経済成長期に留守宅児童が「カギっ子」として問題視される中で保護者や地域住民の自主的な活動が展開されました。1966（昭和41）年に当時の厚生省が「児童育成クラブ」の助成を始めたものの，実際の保育のニーズに施策が追いつかず，保育所を含めた民間事業者や，保護者や地域住民による共同保育に支えられました。幼稚園が放課後の小学校児童を受け入れた事例も少なくありません。

　学童保育が「放課後児童クラブ」という名称で市町村の放課後児童対策として制度化され，放課後児童健全育成事業が児童福祉法の中に位置づけられたのは，1997（平成9）年になってからです。2015（平成27）年の子ども・子育て支援制度の導入後は，市町村の「地域子ども・子育て支援事業」の一つとなりました。同年に児童福祉法も改正され，次のように定義されました。

> **児童福祉法（第6条の3第2項）**　この法律で，放課後児童健全育成事業とは，小学校に就学している児童であって，その保護者が労働等により昼間家庭にいないものに，授業の終了後に児童厚生施設等の施設を利用して適切な遊び及び生活の場を与えて，その健全な育成を図る事業をいう。

　改正前は「おおむね10歳未満」であり，一般に小学校3年生までとされましたが，小学校6年生まで対象が拡大されました。2014（平成26）年には初めて国の「放課後児童健全育成事業の設備及び運営に関する基準」が示され，支援の単位を40人以下とし，それぞれに放課後児童支援員を2人以上置くことを原則としました。支援員の資格も決められ，保育士や社会福祉士の資格をもつ者の他，校種を問わず教員免許をもつ者，大学で教育学や心理学等を専修した者

等が，都道府県知事の行う研修[7]を受けて職務に当たることとなりました。

このように学童保育（放課後児童クラブ）は，厚生労働省による児童福祉事業として取り組まれ，現在はこども家庭庁に所管が引き継がれています。

（2）放課後子供教室：子どもの「居場所」として

小学校児童を対象に，文部科学省が管轄する社会教育事業に「放課後子供教室」事業があります。放課後児童クラブ（学童保育）が保育に欠ける子どもに「遊び」や「生活の場」を与えるのに対し，放課後子供教室は全児童，つまり小学校に通うすべての児童が対象とします。さまざまな体験活動や多世代等の交流，また学習支援が主な内容とされます。

教育行政による小学生対象の放課後事業は，1966年から5年間実施した留守家庭児童会育成事業に始まります。同事業は校庭開放事業［→第7章2］に統合されましたが，1992（平成4）年より漸次導入された学校週五日制により，改めて放課後の子どもの「居場所」が課題となりました。

前身となる事業は，2004（平成16）年度に緊急3カ年計画として始まった「地域子ども教室」です。当時は子どもが関わる重大事件が続き，2002（平成14）年度からの学校週五日制完全実施を背景に，「地域の大人の協力を得て，学校等を活用し，緊急かつ計画的に子どもたちの活動拠点（居場所）を確保し，放課後や週末等における様々な体験活動や地域住民との交流活動等を支援する」趣旨で実施され，子どもと地域住民の「居場所づくり」が重視されました。

同事業は2007（平成19）年度より「放課後子ども教室」として引き継がれ，体験や交流活動の他，学習支援の機能が重視されました。2015年度からは「学校支援地域本部」等とともに，国の「学校・家庭・地域の連携協力推進」事業に位置づけられました。

現在，文部科学省による補助事業を活用して，全国で1万7千カ所を超える放課後子供教室が開かれています。放課後や週末に，小学校の余裕教室等を活用して活動拠点（居場所）を設け，地域住民の参画を得て，学習活動やスポーツ・文化芸術活動が行われます。すべての小学校区で学童保育と並行して毎日

7：各都道府県で4日程度の「放課後児童支援員認定資格研修」が実施されます。

実施する市がある一方で，中学生も対象とする地域や週2日程度の開室，児童館での実施，地域のイベントとしての開催等，実施形態や日数，また「パートナー」や「コーディネーター」等の人的組織も多様で，地域差があります。例えば神奈川県は「放課後子ども教室推進事業」として市町村に予算補助を行い，2023（令和5）年度は政令市・中核市を除く29市町村のうち25市町村で実施されています。現在の文部科学省での所管は総合教育政策局内の地域学習推進課の地域学校協働活動推進室であり，地域学校協働活動［→第13章1］の一環として実施する自治体が増えています。

（3）放課後子ども総合プラン

　子ども・子育て支援制度の導入により教育と保育の二つの行政の連携・一体的な推進が図られ，保育所だけでなく，放課後施策においても待機児童対策を含めた学童保育の拡充が政策課題となりました。教育行政で行われてきた「放課後子供教室」と児童福祉の領域の放課後児童クラブの一体化を目的に，2007年度より厚生労働省と文部科学省の両省による「放課後子どもプラン」が始められました。2015年より内閣府が主導する「放課後子ども総合プラン」として強化され，経費の3分の1は国が補助しました。2019（平成31）年度からは「新・放課後子ども総合プラン」が実施され，プランが終了する2023年度は，こども家庭庁と文部科学省が「放課後児童対策パッケージ」として各自治体に取り組むべき対策を示しています。2024（令和6）年以降も事業の継続・発展が示され，予算措置が行われています。

　国に先駆けて放課後児童クラブと放課後子供教室事業の一体的な実施を始めた例に，神奈川県横浜市[8]や同県川崎市の「わくわくプラザ」，東京都世田谷区の「BOP」事業等があります。多くは小学校区で当該校の児童の他に私立校等に通う児童も対象で，利用方法により一部は有料で運営されています。

　放課後の居場所として学校施設の活用が推奨されており，放課後児童クラブの登録児童が放課後子供教室のプログラムに参加するといった連携が行われて

8：小学校施設で「はまっ子ふれあいスクール事業」が1994（平成6）年度に開始され，2019年度までに法人運営の「放課後キッズクラブ」に移行されました。この他に民間の放課後児童クラブが多数あります。

います。しかし，両事業の趣旨が異なることに留意する必要があります。放課後児童クラブは留守家庭児童に家庭に模した「生活の場」を保障する事業です。社会的養護の必要性が高い世帯の児童等に確実に対応する必要があり，一過性のボランティア活動では賄えません。同時に，子どもの安全管理を目的に遊びの種類や内容を限定することは「教室」の趣旨にそぐわないものとなります。

2012(平成24)年の児童福祉法改正により放課後等デイサービス事業が創設され，学校（幼稚園と大学を除く）に就学している児童（18歳未満）で障害のある子どもを対象に普及しています。障害の有無によって放課後の居場所が分断されてしまうことから，全児童の交流の場の実現を図ることも必要です。

3．家庭教育：教育行政の領域をめぐって

（1）家庭教育の位置

戦前の婦人会や青年団等の社会教育団体や，「隣組」[9]等の地域団体の組織化が軍国主義に傾いたことへの反省から，戦後の社会教育は施設の設置等をとおして，地域の主体的な学習活動を間接的に促進しています［→第7章1］。家庭教育についても，1947(昭和22)年に制定された教育基本法（第7条）は，国や地方公共団体が社会教育の範疇で奨励するとだけ定めました。

近年は家庭や地域の「教育力の低下」が指摘されるようになり，学校と地域，家庭の連携［→第13章1］が社会教育事業として進められると同時に，内閣や地方の首長部局等による家庭教育振興の取り組みが盛んになりました。

国の事業では1999(平成11)年より中学生以下の子どもがいる親（世帯）を対象に「家庭教育手帳」[10]が無償配布され，2001(平成13)年の社会教育法の改正により教育委員会の事務として家庭教育の奨励に関する条項が加わりました。

9：当時の内務省により国民統制を目的に1940(昭和15)年に町内会等のもとに設けられ（1947年に廃止），物資配給や勤労作業等の基礎単位となりました。

10：乳幼児，小学生（低・中学年），小学生（高学年）〜中学生の3種類が発行されました。2009(平成21)年版より点字版を除き全世帯への冊子配布は止め，現在は文部科学省総合教育政策局の地域学習推進課家庭教育支援室がWebサイトで一般公開しています。

現在の社会教育法の規定は次のとおりです。

> **社会教育法（第3条3）** 国及び地方公共団体は（中略）家庭教育の向上に資することとなるよう必要な配慮をする（中略）よう努めるものとする。
> **同法（第5条）** 市（特別区を含む。）町村の教育委員会は，社会教育に関し，当該地方の必要に応じ，予算の範囲内において，次の事務を行う。（中略）七　家庭教育に関する学習の機会を提供するための講座の開設及び集会の開催並びに家庭教育に関する情報の提供並びにこれらの奨励に関すること。

その後は2003（平成15）年の少子化社会対策基本法や次世代育成支援対策推進法の制定等もあり，家庭教育は少子高齢化や保育を含めた「子育て」等全般の政策課題として重視され，2006（平成18）年に改正された教育基本法では，家庭教育が独立した条項となり，次のように示されました。

> **教育基本法（第10条）** 父母その他の保護者は，子の教育について第一義的責任を有するものであって，生活のために必要な習慣を身に付けさせるとともに，自立心を育成し，心身の調和のとれた発達を図るよう努めるものとする。
> ２　国及び地方公共団体は，家庭教育の自主性を尊重しつつ，保護者に対する学習の機会及び情報の提供その他の家庭教育を支援するために必要な施策を講ずるよう努めなければならない。

義務教育において保護者には子どもの就学義務が課されますが［→第3章1］，改正された教育基本法で，保護者が子どもの教育の「第一義的責任」をもち，子どもの生活習慣の習得や自立心の育成等に努めることが定められました。同法で家庭教育の自主性は尊重すると記載されるものの，国民の生活や心的な領域に言及し，戦前の家父長制の家族制度の土台となった民法（第820条）で定めるとおり，親（親権を行う者）が，子どもの監護と教育を行う義務と権利をもつという規定に沿う条項となっています[11]。

11：児童虐待を防ぐ観点から2011（平成23）年に一部改正され，「『子の利益のために』子の監護及び教育をする権利を有し，義務を負う」となりました。

（2）家庭教育に関する施策の展開

　市町村の社会教育事業には，保護者や乳幼児の親子を対象に家庭教育の機会や情報を提供する家庭教育講座があります。神奈川県は，2012（平成24）年に「家庭教育協力事業者連携事業」を行っています。企業等が県と協定を結び，従業員に子どもの学校行事や地域活動への参加を促したり，職場見学会を開いたりして，従業員や地域住民の家庭教育を支援するユニークな事業です。

　文部科学省は，2006年度より子どもの生活習慣の育成を目的に「早寝早起き朝ごはん国民運動」を推進しています。PTA［→第13章1］や経済界，メディア等と連携し，表彰やフォーラム開催が行われています。また，2010（平成22）年度より地域の人材を活用した「家庭教育支援チーム」の登録事業も始められました。地域で孤立しがちな保護者に学習機会や情報の提供等を行う訪問型（アウトリーチ）の事業です。

　今後は「朝ごはん」の無償提供のような，教育と福祉の境界を超える施策がいっそう求められています。望ましいとされる生活習慣や体験活動の提供が叶えられない世帯があるからです。2012年の熊本県を皮切りに，家庭教育支援条例を定める自治体も増えましたが，各家庭や保護者の自助努力が過度に求められないよう，見守る必要があります。

　児童虐待に関しては2019（令和元）年の児童福祉法の改正を背景に，同年に地域学校協働活動［→第13章1］等の関係者に向けて「児童虐待への対応のポイント」が作成されました。いわゆる「宗教二世」やヤングケアラー等の課題も明らかになり，教育行政としての取り組みのあり方が問われています。

第 15 章

教育制度の現在：発展的に学ぶために

文部省（1948）『学校図書館の手引』口絵（国立国会図書館所蔵）
出典：国立国会図書館デジタルコレクション
https://jpsearch.go.jp/item/dignl-1122721

　第二次世界大戦の敗戦直後の日本は GHQ の占領下にあり，教育に関してはCIE（民間情報教育局，Civic Information and Education）の指導助言を受けて教育改革が行われました。その過程で学校図書館が重視され，全国で図書館施設の創設や図書，実物資料の充実が進められました。1953(昭和28)年には議員立法により学校図書館法が制定されました（施行は 1954 年）。
　当時の文部省が作成した『学校図書館の手引』は，子どもだけでなく教師に対し「調査・レクリエーションおよび研究のための手段を提供する」読書施設である学校図書館の意義を示しています。公共図書館と情報が少ない時代に，学校とその図書館は，地域の文化的中心の役割が期待されました。

日本の教育制度は明治期と第二次世界大戦後に大きく改革されますが、学校の存在意義と、すべての国民に行き届く義務教育の構成は普遍性があります。その一方で時代や地域の教育課題を背景に、法制や国・地方の行政は生き物のように柔軟に発展しており、また地域差も良し悪しもあります。

本章では、教育制度の基本的な仕組みや学校、地域の状況を自ら発展的に調べて理解を深めるために参考となる情報とワーク例を示します。

1．基本的な文献資料を調べ，理解を深める

（1）官報，法令集

戦後の教育制度は法律にもとづいて成立し，国や自治体，また学校等で運営されます。そのため，法令や関連文書を原文で確かめる作業は重要です。

政府（内閣府）が法令や地方公共団体の告知等の公的な情報の伝達のため毎日発行する「官報」[1]は最重要の資料で，例えば学習指導要領の内容が文部科学省の決定事項として告示されます。1883（明治16）年に創刊され，2023（令和5）年に成立した「官報の発行に関する法律」及び関連法により，紙の印刷物だった官報は電子化（インターネット配信）されることとなりました。

いずれにしても教育行政に関する膨大な量の情報をすべて官報で確認することは困難であり，専門家が編集する「教育六法」[2]、「保育六法」等と呼ばれる法令集は、教育に関する法令の他、判例（裁判例）や参考資料が一覧できて便利です。諸制度を内容別に示す「便覧」等も発行されており、最新かつ編集方針が合うものを選ぶことをお薦めします。

（2）省庁の白書，調査報告

国（文部科学省）の教育行政の概要を示す，一般向けの年次報告書が『文部科学白書』です。年度ごとに文部科学省が編集して夏頃に刊行され，Webサイ

1：編集や情報公開等の業務は、独立行政法人国立印刷局に委託されています。
2：例えば『教育小六法』（学陽書房）は、毎年1月頃に最新版が出ます。なお、教育分野の「六法」は特に6つの法を限定せず、「主な法令」の意です。

トで公開されます。「特集」も組まれ，例えば令和4年度版の特集の一つは「未来をけん引する人材の育成：大学・高等専門学校の機能強化と学び直し促進」でした。他にも文部科学省の著作となる出版物として『教育委員会月報』等の月刊誌や，『諸外国の教育動向』等の教育調査[3]があります。

文部科学省が行う調査報告は重要な基礎資料となります。学校教育に関しては1948(昭和23)年に開始された毎年度の学校等の全数調査による『学校基本調査』，社会教育に関しては1955(昭和30)年よりおおむね3年ごとに実施される『社会教育調査』，地方教育行政機関の実態把握に関しては毎年の『地方教育費調査』と隔年の『教育行政調査』があります。

保育や社会保障等の福祉分野に関しては厚生労働省による『厚生労働白書』が参考になります。学校外となる放課後や部活動等に関しては総務省の『社会生活基本調査』が出ています。また，内閣府が作成していた『子供・若者白書』(旧・青少年白書)は，2023年に発足した「こども家庭庁」が引き継ぎ，『こども白書』[4]として刊行されています。

（3）自治体の広報誌，報告書

法令や施策の大枠は国で決められますが，自治体では地域の実情に合わせた条例策定や事業等が展開されます。特に基礎自治体となる市町村は義務教育諸学校や幼稚園・認定こども園の設置・運営に密接に関わるため，「○○市報」等の広報誌には予算等の財政や教職員採用，園児募集等の情報が掲載されます。「○○の教育」等の名称の教育委員会の広報誌を出す自治体もあります。

冊子の形態で教育や子どもに関する報告書を刊行する自治体もあり，例えば神奈川県は昭和53年版（1979年発行）より，青少年の健全育成に寄与する『かながわの青少年：神奈川県青少年白書』を毎年発行しています[5]。

3：1947(昭和22)年より毎年度に一冊以上が刊行され，2023年に第161集が出ました。
4：令和6年版は「令和5年度 我が国におけるこどもをめぐる状況及び政府が講じたこども施策の実施状況」として2024(令和6)年に閣議決定されました。なお，1964(昭和39)年より毎年『子ども白書』を刊行している民間団体もあります。
5：刊行当初は神奈川県県民部青少年課，2011(平成23)年からは同県立青少年センター，現在は同県の福祉子どもみらい局子どもみらい部青少年課が編集しています。

これらの情報は多くの自治体のWebサイトで公開され，バックナンバーの現物は同じ地域内の公立図書館や公民館等の施設で閲覧できます。

（4）審議会，行政委員会の答申等の報告

国の教育施策は，教育課題を問う文部科学大臣の諮問に対し，教育に見識をもつ委員で組織された中央教育審議会が調査審議し，意見等を詳しく述べた「答申」をふまえて策定されます［→第8章1(3)］。中央教育審議会答申は教育政策の核となる報告ですが，答申に至らない「報告」や「審議のまとめ」等も参考になります。中央教育審議会以外にもさまざまな専門分野やときの教育課題にもとづく，さまざまな審議会や有識者会議があります。

特に中央教育審議会の答申は，学習指導要領の内容を含め，国の教育行政の方針を決める重要な文書であるため，適宜確認するとよいでしょう。本章3(1)のワークで，調べる際の参考情報を紹介します。

（5）新聞，雑誌等

新聞や定期刊行誌は貴重な情報源です。新聞では政治面，経済面，また地方版の頁で教育制度に関する内容が扱われます。国の動向の他，地域の取り組みも紹介されています。一般に三面記事と呼ばれる社会面の記事は事件や事故が扱われることが多いため，客観的に記事をとらえる必要があるでしょう。

雑誌もお薦めします。教員採用選考試験対策の月刊誌の『教職課程』（協同出版），『教員養成セミナー』（時事通信社）は，解説がわかりやすいです。専門誌には，文部科学省初等中等教育局が編集する『教育委員会月報』（第一法規）や週2回発行される『内外教育』（時事通信社），学術的な論稿や判例が掲載される『季刊教育法』（エイデル研究所）等があります。

Webサイトで多くの情報が公開されますが，レポート等で引用する場合は確かな情報源を厳選し，出典（URL，日付等）を明記する必要があります。ページが削除される恐れがあるため，情報の保存を行うことをお薦めします。

2. 一次資料と教育の現場に学ぶ：課題を探求する

(1) 図書館，専門書の活用

1 (1)で触れた資料は，公立図書館や大学図書館で閲覧できます。地方自治法にもとづく議会図書室が一般公開される自治体もあります。

国立国会図書館の東京本館（東京都千代田区）には議会官庁資料室があり，レファレンス・サービスや開架資料が充実しています。「国立国会図書館（NDL）サーチ」は，国立国会図書館も含め，全国の図書館が所蔵する情報のキーワード検索も可能なシステムです。

各種の学会や協議会，大学の「紀要」や「年報」，「論集」等の冊子は，多くの大学図書館で開架資料となっています。収録された学術論文のタイトルや年報類のテーマを一覧でき，教育課題が見えてきます。

(2) 施設見学・フィールドワーク

a．社会教育施設

社会教育を知るには図書館の他，公民館・生涯学習センター[6]，女性教育施設[7]等を訪問するとよいでしょう。館内に入るだけで多様な活動を垣間見ることができ，図書室がある施設もあります。講座等の事業に参加すると，より踏み込んだ理解ができます。例えば国立市公民館（東京都国立市）では「しょうがいしゃ青年教室」に関連させたカフェを開いています。

博物館[8]や体育施設の多くは有料ですが，見学や利用をお薦めします。規模や種類，アクセス，事業内容等，住民の視点で評価してみるとよいでしょう。

6：自治体によりコミュニティ・センター等があります［→第7章2］。
7：内閣府は「女性センター」「男女共同参画センター」と定義し，多くは「かなテラス」（神奈川県），「リーブラ」（東京都港区）等の愛称があります。
8：博物館法（第23条）は，公立博物館は入館料等を徴収しないが「博物館の維持運営のためにやむを得ない事情のある場合は，必要な対価を徴収することができる」と定めており，多くの館で企画展の観覧料等が徴収されます。

b．学校・児童館の見学

　一般に開放される社会教育施設と異なり，子どもの安全が最優先される学校や児童館等の見学は，事前の依頼と綿密な調整が必要です。

　公立小・中学校によっては，地域住民の学校教育への理解を深めるため，年に数回程度，授業を公開しています。教師を目指す学生には教育委員会や大学を通して参加するボランティアやインターンシップ[9]をお薦めします。幼稚園の一般公開はほとんどありませんが，大学の授業やゼミナールでの見学や，園の行事や預かり保育等のボランティア，アルバイトが良い機会となるでしょう。

　学校施設や児童館等での学童保育や放課後子供教室［→第14章２］のボランティアや支援員（アルバイト）の機会があります。これらの情報は大学を通した案内の他，多くの自治体の広報誌，Webサイト等で紹介されています。児童館で特技を生かし，ボランティアとして活動に参加するのもよいでしょう。

c．実地調査（見学・フィールドワーク）

　見学より踏み込んだ調査に実地調査がありますが，子ども・学習者の安全・安心を守り，現場に迷惑をかけないよう，施設側に計画書を提出して相談する事前の準備が不可欠です。まずは大学の授業やゼミナールで体験するとよいでしょう。教育実践系の授業で行う学校・幼稚園の観察・参観とは異なり，教育制度・行政の領域で行う実地調査は，事前の文献調査にもとづいて実際の事業運営の状況を目で確認したり，関係者へのヒアリングや資料請求を行ったりすることが中心となります。

　学術的な調査研究や論文等で「人」にかかわる情報を扱う際は，大学や学会等で事前の研究倫理の審査が必要です。学生であっても，実地調査で得た情報を卒業論文等で公表する際は，関係者の承認を得る必要があります。

d．教育委員会・審議会・裁判等の傍聴

　国や地方で開かれる教育委員会や審議会等のほとんどは傍聴できます。日程等はWebサイトで確認でき，事前登録や定員を超えた場合の抽選を行う会議もあります。撮影や録音が可能な報道関係者と異なり，一般の傍聴はメモが中

9：大学教職課程では2019(平成31)年度よりインターンシップ（２単位）を教育実習の単位の一部に加えることが可能となりました。

心で，配付資料の返却が求められる場合もあります。事前の申し出を必要とすることもありますが，さまざまな障害に対応した配慮や，託児サービス等も充実しています。

　裁判の傍聴は当事者を慮る必要があります。もっとも，家庭裁判所の審判は非公開です。近年は主権者教育が重視されたこともあり，全国の地方裁判所で青少年を対象とした模擬裁判体験や法廷見学が増えました。例えば，横浜地方裁判所（神奈川県横浜市）が開く刑事裁判傍聴会（ハマのコート）は裁判官による説明もあり，参加しやすいでしょう。

　判例は，裁判所のWebサイトで裁判例の検索により閲覧できます。国立国会図書館（NDL）のオンラインの「リサーチ・ナビ」では「判例の調べ方」が丁寧に解説されています。直近の判例や解説が掲載された雑誌は，月刊誌『ジュリスト』（有斐閣）が入手しやすいです。

3．教育制度を調べ，考えるためのワークの例

　実際に資料や情報を調べると教育制度の理解が深まり，最新の動向やさまざまな施策の影響をとらえることができます。ここでは授業や個人学習で実践していただきたいワークの例を紹介します。

ワーク1　国の審議会（答申）や計画を調べる

　教育制度や施策に関してレポートや卒業論文を作成する際は，自らが立てたテーマを論じるにあたり，基本となる情報として国の方針や動向を整理しておく必要があります。使用される用語も確実におさえておきましょう。

1．中央教育審議会の答申

　国の重要な教育施策を調べる上で，中央教育審議会［→第8章1］は最たるものです。省庁に置かれ，学識経験者等で構成される審議会は，大臣が審議会に尋ねる質問である「諮問」に対し，審議会が調査審議を行って意見具申を行います。審議をふまえた諮問への回答・意見が「答申」をはじめとして「報告」「建議」「審議のまとめ」等の文書で公開され，省庁が行う施策は答申類をふまえて計画され，実施されます。

　2024（令和6）年現在の文部科学省のWebサイトの「教育に関する基本的政策」を示すページで「中央教育審議会」を見ていくと，審議会の概要や分科会・部会等の見出しが示されます。実際の諮問や答申類の内容は「諮問・答申等」で新しい順に閲覧でき，「開催状況」で議事録や配付資料も公開されています。説明用の資料である概要[10]の他，参考資料や解説動画も作成されます。

　分科会には，学習指導要領や教員養成等に関わる学校教育に関する部会の他に，教育振興基本計画部会，生涯学習や大学，地方文化財行政等の分科会・部会があり，教育課題に合わせて特別部会が編成されることもあります。中央教育審議会以外にもさまざまな審議会や有識者会議が組織され，会議も情報も公開されますので，テーマに合わせて参照するとよいでしょう。

2．国と自治体の教育振興基本計画

　実際に計画・実施された施策を調べるには，文部科学省のWebサイトの「施策情報」を見てみると，教育費負担軽減等の取り組み内容や調査研究結果が閲覧できます。教育基本法にもとづき国が作成する「教育振興基本計画」を確認し，中央教育審議会の答申等がどのように生かされているか，どのような目

10：ポンチ絵と言われるように，視覚的にわかりやすい説明用の概念図です。

的・方針・目標で，どのような教育政策が行われるかを一覧するとよいでしょう。

　地方公共団体は，国の教育振興基本計画を参考にして教育施策に関する計画を策定する努力義務があります。余力があれば，身近な都道府県・政令市，中核市等で作成された教育振興基本計画を調べると，国の計画がどのように反映されたか，その自治体の教育課題に何があるかがわかりやすいと思います。

ワーク2　学校の設置状況を調べる

　任意の市町村にある学校の数を調べて［表 15-1］に記入するワークです。単純な作業に見えますが，学校の設置者や校種の理解が前提となります。

1．市区町村立の学校の数

　まず，身近な市区町村を選んでください。横浜市等の政令市は規模が大きいため，それ以外の市町村がわかりやすいです。東京都の区部は，それぞれの「区」で確認してください。そして実際に調べる前に，自らの学校体験や地域の様子を思い出して学校数を予想することを薦めます。小学校の数に比べて中学校数はどれくらいか，国立の学校はあるか等をイメージしてください。

　まずは市区町村の Web サイトから，学校数を確認してください。他のワークにも言えることですが，「学校」や「教育」，「子ども」を検索すると，民間の教育・保育産業の情報や広告が表示されやすくなりますので，自治体の公式の Web サイトを調べるとよいでしょう。自治体の Web サイトで「学校」「教育」のページを探し，学校の一覧を確認して［表 15-1］の「公立」の欄に小・中

表 15-1　市区町村の学校の設置状況を調べる

◎調べた市区町村名 →［　　　　　　　　　　　　　　　　　　　　　　　］

区分	小学校	中学校	義務教育学校	高等学校	中等教育学校	特別支援学校
国立						
公立						
私立						
合計						

学校，また義務教育学校の数を記載してください。数は少ないですが，中等教育学校や特別支援学校を設置する市区町村もあります。

２．都道府県の設置する公立学校の数

次に，都道府県や政令市が設置する学校数を見てみましょう。主に高等学校と中等教育学校，特別支援学校が対象となります。１で調べた市区町村がある都道府県，または政令市のWebサイトで学校の一覧を検索し，学校が所在する市区町村を確認して学校数を［表15-1］に入れてください。学校が置かれた市区町村がわかりづらい場合は，難しい作業となります。

カリキュラムが中高一貫教育と言われる学校の場合でも，校種は「中等教育学校」ではなく，「中学校」と「高等学校」でそれぞれ１校として数えるケースは少なくありません。これは私立学校にも言えることです。

３．私立の学校の数

都道府県のWebサイトの教育，学校に関するページで，私立の学校の一覧が掲載されています。私立学校（学校法人）の認可は，原則的に都道府県知事が行うためです[11]。その一覧をもとに１で調べた市区町村に所在する学校を調べ，［表15-1］に記載してください。

自治体のWebサイトで所在する市区町村が調べにくい場合は，難易度の高いワークとなります。自治体によっては，私学協会，私立中学校高等学校連合会等の名称をもつ私立学校の組織を調べることをお薦めします。東京都の場合は，公益財団法人東京都私学財団のWebサイトで，組織に加入する私立学校が市区町村別に掲載されています。

４．国立の学校の数

国立とされる学校は，教員養成を行う国立大学（国立大学法人）の附属学校です［→第２章２］。各都道府県に置かれており，主に県庁所在地に置かれますが，それ以外の市町村に置かれる場合もあります。例えば，東京高等師範学校と戦後の東京教育大学を前身とする筑波大学（茨城県つくば市）には，都内や神奈川県横須賀市に複数の附属学校があります。

文部科学省のWebサイトの他，全国国立大学附属学校連盟のWebサイトで確認すると所在地がわかりやすいと思います。市区町村によっては，学校一覧のページに公立の他，私立校や国立校の情報を載せています。

11：大学，高等専門学校を設置する学校法人は，文部科学大臣が認可します。

5．複数の市町村の状況を比較し，学校の設置状況を考える

［表15-1］は埋められたでしょうか。可能であればグループで情報・意見交換を行い，それぞれの自治体の学校の設置状況の特徴と，全国的な動向が見えてくるとよいでしょう。例えば，私立の小学校が多い，中等教育学校がない，市立の高等学校がある，といった自治体の特徴や，少子化の中での義務教育学校や特別支援学校の増加，高等学校の公立と私立の割合，といった全国的な動向を考えることができます。身近な自治体であれば土地勘を生かして，小・中学校や義務教育学校の配置計画をイメージできるかと思います。

6．自治体の教育行政や個別の学校の歴史を調べる

より踏みこんで調べていく場合は，自治体や学校法人が作成する資料を見てみましょう。主に教育委員会が『○○市の教育』，『○○県教育百年史』等のタイトルの書籍を編集しています。私立の学校については，学校法人が編集する『○○学園百年史』等のタイトルの書籍が出されている場合があります。これらの書籍はそれぞれの自治体にある教育委員会の図書館や公立図書館[12]で閲覧でき，Webサイトで公開されたものもあります。

12：国内の出版物は国立国会図書館に納本することが義務づけられていますが，自治体や学校の発行する資料は納本されていない例が少なくありません。

ワーク3　市区町村の幼稚園の設置状況と個別の幼稚園の運営を調べる

1．市区町村の幼稚園の設置状況

　幼稚園は「学校」です［→第6章1］。しかし，義務教育段階にあたる小・中学校はほとんどが市町村立校で教育委員会が所管しますが，幼稚園は私立園が多く，保育所と同じ保育行政の管轄となる幼稚園が増えています。2015(平成27)年に子ども・子育て支援制度が導入され，認定こども園も増えたため，幼稚園のすがたを一律にとらえることはいっそう難しくなりました。

　幼稚園の現状をつかむため，任意の市区町村の幼稚園と認定こども園の数を調べて［表15-2］に記入してみましょう。横浜市等の政令市は規模が大きいため，「区」単位としてください。東京都の区部は「区」で確認してください。市区町村の公式Webサイトから，まずは数を確認してください。

表15-2　市区町村の幼稚園の設置状況（数）を調べる

◎調べた市区町村名 → [　　　　　　　　　　　　　　　　　　　　　　　]

＊政令市の場合は「○○市△△区」とする。

区分	幼稚園（施設型給付）	幼稚園（旧制度）	幼保連携型認定こども園	幼稚園型認定こども園	その他（保育所は含まない）
国立					
公立					
私立					
合計					

　幼稚園は，市区町村の「施設型給付」を受ける園と，子ども・子育て支援制度の導入前からの制度を維持して私学助成を受ける幼稚園があります［→第

14章1］。多くの市区町村のWebサイトで施設型給付園か旧制度のままかが示されていますが、不明な場合は枠を工夫して書いてください。なお、公立園はすべて施設型給付の対象となります。近年は認定こども園が増えています。幼保連携型か幼稚園型かが不明な場合も、枠を工夫して書いてください。

「その他（保育所を含まない）」の欄は、一条校［→第2章1］ではないが、市区町村が独自に認証した幼稚園の類似施設があれば、記入してください。幼稚園に準ずる施設として音楽教育や外国語教育、自然教育、特別支援教育を行う施設の例があります。例えば、神奈川県藤沢市は「幼児教育施設」として、特定非営利活動法人や個人、株式会社が運営する幼児教室、2、3歳児の教室、インターナショナル・スクール（プリスクール）等を認定しています。

公立と私立の幼稚園と認定こども園は、市区町村のWebサイトに一覧がありますが、国立の場合は、［ワーク2］4の「国立の学校の調べ方」を参照してください。

2. 個別の幼稚園の運営状況

1で調べた市区町村にある幼稚園を一つ選び、その幼稚園についてWebサイトで調べ、［表15-3］に記入してください。

①は、私立の場合は設置する法人名を入れてください。幼稚園は、学校法人以外の設置者が認められています。②は、必要に応じて市区町村のWebサイトの一覧を確認してください。公立園は施設型給付園となります。

③は、入園した最初の一年間でかかる金額を、ぜひ保護者の目線で計算してください。入園料と保育料（12カ月分）の他、施設費や教材費、制服代等をわかる範囲で合算してください。園児の募集要項があれば、わかりやすいです。入園試験が行われる幼稚園では、前年度に検定料がかかります。

保育料は世帯の所得や多子世帯等で減免措置がありますが、減免を受ける前の標準の額で計算してください。市区町村で保育料が共通となっている場合は、市区町村のWebサイトで金額を確認してください。幼児教育無償化政策により、保育料は満3歳児より月額25,700円を上限として無償となっています。なお、無償化の対象とならない幼稚園もあります。

④は、幼稚園の教育内容・方法の特色やユニークな行事、施設・設備、放課後に行われる絵画・造形や音楽、体操等の教室、食育等の特筆すべき情報をピックアップしてください。

3. 教育制度を調べ，考えるためのワークの例　193

表 15-3　任意の幼稚園の運営状況を調べる

◎調べた幼稚園の名称 → [　　　　　　　　　　　　　　　　　　　　　　　]

①設置者別（○を入れる）：

　国立　／　公立

　／私立 [　　　　　　　　　　　　　] ← 法人名（例：学校法人，宗教法人）

②子ども・子育て支援制度の対応（○を入れる）：

　旧制度（私学助成を受ける）　／　新制度（施設型給付を受ける）

③初年次に必要な納入額（年間）：[　　　　　　　　　　　　　] 円

　＊3歳，または4歳での入園を想定し，入園料と保育料（×12カ月分，減免前）の他，わかる範囲で施設費等を合算し，一年間の納入額を入れる。

④その他の特色（例：教育理念，習いごと，食育など）

　○

　○

　○

3．グループワーク：市区町村の状況を比較し，幼稚園制度を考える

　　1の幼稚園の設置状況は市区町村により多様なため，グループで情報交換をすることで比較ができ，現状の理解が深まります。幼稚園の特色も多彩なため，2の情報交換も有益でしょう。私立園と公立園の配置，保育料等の年額を具体的に比較するとともに，認定こども園は増えるか，幼児教育無償化の意義，同じ地域の小学校との連携といったテーマを決めて意見交換を行ってください。それぞれの市区町村や全国の状況を把握した上で，これからの幼稚園制度や運営のあり方を展望できるとなおよいでしょう。

さくいん

あ行

いじめ防止対策推進法（いじめ防止法）　32, 165, 166
一条校　24, 25
いのちをつなぐ未来館　146
医療的ケア児　40
インクルーシブ（統合）教育　22, 40, 47
栄養教諭　110
公の施設　86

か行

開申制　138
開成学校　13
学芸員　92
学習指導要領　133
各種学校　66, 67
学制　23
学籍に関する記録　127
学齢児童　25
学齢生徒　25
掛図　23, 141
学級　122
学級担任　124
学級編成の標準　122
学校運営協議会（コミュニティ・スクール）　121, 158, 159
学校給食歴史館　155
学校支援地域本部　161
学校図書館　110, 179
学校評価ガイドライン　163
学校部活動及び新たな地域クラブ活動の在り方等に関する総合的なガイドライン　162
学校防災マニュアル（地震・津波）作成の手引　147
学校放送　141
学校保健安全法　146, 148, 149, 150, 151
学校を核とした地域づくり　161
家庭教育　176, 177, 178
課程制（修得主義）　39
官報　180
GIGAスクール構想　123, 142
帰国児童生徒教育学級　51
義務教育諸学校の教科用図書の無償措置に関する法律（教科書無償措置法）　139, 141
義務教育諸学校の教科用図書の無償に関する法律（教科書無償法）　41, 138
義務教育の段階における普通教育に相当する教育の機会の確保等に関する法律（教育機会確保法）　33, 36, 53, 55
義務教育費国庫負担金　102, 103
義務教育費国庫負担法（教育費負担法）　101, 142
教育委員会　75, 98, 99, 100, 101, 110, 116, 158, 167, 177
教育課程特例校（教育課程編成の特例）　51, 54, 135
教育基本法　31, 158, 177
教育振興基本計画　55, 186
教育勅語　30
教育扶助制度　41
教育未来創造会議　98
教材整備指針　142
教頭　109
訓告　128
訓導　108
継続教育　16
原級留置（留年）　39, 126
県費負担教職員　103
構造改革特別区域研究開発学校（教育特区）制度　135
校則　30
校長　109, 120, 121
高等学校卒業程度認定試験　64

さくいん　195

高等女学校　36, 57, 65, 119
高等専門学校（高専）　16, 65
公民館の設置及び運営に関する基準　87
校務分掌　120, 167
公立義務教育諸学校の学級編制及び教職員定数の標準に関する法律（義務標準法）　122
合理的配慮　141
国際学校（インターナショナルスクール）　52, 192
国定教科書　133, 138, 140
国民皙学　57
国立国会図書館　183, 185
こども家庭庁　33, 174, 181
こども基本法　33, 129
子ども・子育て支援制度　170, 171, 191
子ども・子育て支援法　170
子どもの貧困対策の推進に関する法律　33
子ども・若者育成支援推進法　33
子の教育について第一義的責任　36, 177

さ行

山村留学　54
試案（教師の手引き）　134
CIE（民間情報教育局, Civic Information and Education）　131, 179
私学助成　29, 172, 191, 193
私学助成法　43
司書　92, 110
司書教諭　110
指定管理者制度　93
指導主事　100, 101
指導に関する記録　127
児童の権利に関する条約（子どもの権利条約）　20, 32, 36, 42, 129, 166
児童福祉法　173, 176
指導要録　127
師範学校　23
社会教育士　92
社会教育施設　15, 86, 183
社会教育主事　92, 101
就学援助　41, 154
就学義務　36, 124, 127, 177
就学の猶予・免除　39, 45
就学前の子どもに関する教育，保育等の総合的な提供の推進に関する法律（認定こども園法）　14, 25
出席停止　128, 150
障害者の権利に関する条約　22, 141
障害のある児童及び生徒のための教科用特定図書等の普及の促進等に関する法律（教科書バリアフリー法）　42, 141
障害を理由とする差別の解消の推進に関する法律（障害者差別解消法）　48, 141
小学教則　133, 157
小学教則大綱　133
少年院　56
省令（文部科学省令）　30
条例　30
初任者研修　77, 116
自立活動　46
人権教育及び人権啓発の推進に関する法律　166
スクールカウンセラー　121, 162
スクールソーシャルワーカー　121, 162
スポーツ少年団　90
スポーツ庁　97
政令（施行令）　30
設置者負担主義　101
全体の奉仕者　114
専門高等学校　59, 62
総合型地域スポーツクラブ　91
総合学科　59, 60, 63

た行

退学　128
単級学校　123
単線型　17
地域学校協働活動　161, 178
地方教育行政の組織及び運営に関する法律（地教行法）　99, 101, 120, 142, 158, 160
中央教育審議会　98, 116,

135, 182, 186
中堅教諭等資質向上研修　77, 116
通学合宿　54
通級指導　123
停学　128
帝国大学　13, 65
DAISY（Digital Accessible Information System）　141
転入学　125
東京国立博物館　83, 89, 95
東京女子高等師範学校（東京女子師範学校）　65, 71, 72, 89, 95, 107
答申　182
特別支援学級　123
特別免許状　112
図書館法　88
飛び入学　125

■ な行

日本国憲法　30, 31, 36, 37, 114
日本語教師　52
日本人学校　50
年齢制（履修主義）　21, 39, 126

■ は行

博物館法　88, 89
パブリック・スクール　20, 52

早寝早起き朝ごはん国民運動　178
PTA　90, 91
部活動指導員　162
複式学級　123
副籍制度　125
複線型　17
副読本（地域副読本）　142, 143
普通科　59, 62
普通教育　37, 56, 58, 59, 60, 61, 63
フリースクール　53, 126, 135, 192
文化財保護法　83, 89
文化庁　95, 97
文教費　104, 105
分離教育　22
編入学　125
保育教諭　77, 172
保育要領：幼児教育の手引　79
放課後子供教室　90, 174, 175, 184
放課後子ども総合プラン　175
放課後児童クラブ　173
放課後児童健全育成事業の設備及び運営に関する基準　173
放課後児童支援員　173
放課後等デイサービス　176
防災教育　161

放送大学　65
法律に定める学校（一条校）　25
補習授業校　50
補助教材　142
保姆　72, 108

■ ま行

学びの多様化学校　54
民族学校　52
無償制　29, 138
モニトリアル・システム（助教法）　17
文部省（現在の文部科学省の前身）　23, 138

■ や行

夜間学級（二部授業）　55
ヤングケアラー　33, 178
ユネスコ（国際連合教育科学文化機関）　85
養護学校の義務化　40
養護教諭　109
幼児教育・保育の無償化　76, 192, 193
幼稚園における学校評価ガイドライン　163
幼保連携型認定こども園　74, 75, 171, 190, 191

■ ら行

臨時教育審議会　85
臨時免許状　112

［著者プロフィール］

久保内 加菜（くぼうち・かな）
　　　　東京大学教育学部卒業，東京大学大学院教育学研究科博士課程
　　　　満期退学（教育学修士）
　　　　山脇学園短期大学専任講師，早稲田大学等非常勤講師を経て，
　　　　梨本加菜として鎌倉女子大学児童学部准教授就任
現在　鎌倉女子大学児童学部教授
主著　『教育の経営・制度』（共著）一藝社
　　　『生涯学習の基礎［新版］』（共著）学文社
　　　『博物館教育論』（共著）ぎょうせい
　　　『改訂 視聴覚メディアと教育』（共著）樹村房　ほか

新版 生涯学習時代の教育制度

2025年3月6日　初版第1刷発行

検印廃止

著　者　久保内　加　菜
発行者　大　塚　栄　一

発行所　株式会社　樹村房
　　　　JUSONBO

〒112-0002
東京都文京区小石川5-11-7
電　話　　03-3868-7321
ＦＡＸ　　03-6801-5202
振　替　　00190-3-93169
https://www.jusonbo.co.jp/

組版・印刷／美研プリンティング株式会社
製本／有限会社愛千製本所

©Kana KUBOUCHI 2025　Printed in Japan
ISBN978-4-88367-405-3　乱丁本は小社にてお取り替えいたします。